Rechnen –
keine Hexerei

Brigitte Haberda

Rechnen – keine Hexerei

Wie Kinder spielend rechnen lernen & was Eltern darüber wissen sollten

VAK Verlags GmbH
Kirchzarten bei Freiburg

Hinweise des Verlags

Dieses Buch informiert über Möglichkeiten, Kindern das Rechnenlernen zu erleichtern. Die vorgeschlagenen Übungen und Verfahrensweisen dienen diesem pädagogischen Zweck. Sie haben sich als sicher und effektiv bewährt.
Wer sie anwendet, tut dies in eigener Verantwortung. Die Autorin und der Verlag beabsichtigen nicht, Diagnosen zu stellen oder Therapieempfehlungen zu geben.
Im Hinblick auf die Kinder, die die Übungen anwenden sollen, ist das Buch gemäß der neuen Rechtschreibung abgefasst.

Bibliografische Information der Deutschen Bibliothek

Die Deutsche Bibliothek verzeichnet diese Publikation in der Deutschen Nationalbibliografie; detaillierte bibliografische Daten sind im Internet über http://dnb.ddb.de abrufbar.

VAK Verlags GmbH
Eschbachstraße 5
79199 Kirchzarten
Deutschland
www.vakverlag.de

3. Auflage 2005

Gesamtkoordination:	Agentur Hubert Krenn
Illustration Leitfigur:	Robert Rottensteiner
Illustrationen:	Georg Michael Thellmann
Arbeitsblattgestaltung:	Georg Michael Thellmann Peter Furian
Umschlag:	Peter Furian
Bewegungsübungen:	Werner Elsner
Lektorat:	Norbert Gehlen
Satz & Layout:	Agentur Hubert Krenn Peter Furian
Druck:	Media-Print, Paderborn

Printed in Germany
ISBN-13: 978-3-932098-40-6
ISBN-10: 3-932098-40-4

Inhalt

Wenn Sie mehr als nur eine Ergänzung zum Buch brauchen: KLIPP & KLAR-LERNSTUDIOs

- Bewährtes und Erprobtes wird mit neuen Lernmethoden (Kinesiologie, Lernen durch Bewegung, NLP und Mentaltechnik) verbunden.
- Bei jedem Schüler wird mit Analysechecks seine bevorzugte Wahrnehmungsweise, sein Lerntyp und die Verfügbarkeit spezifischer Fähigkeiten ausgetestet.
- Darauf aufbauend werden für jedes Kind individuelle Lernstrategien (Förderprogramme) entwickelt.
- Bei der Aufarbeitung von Defiziten wird nicht ausschließlich an den Symptomen (wie mangelhaftes Merkvermögen, Rechenfehler usw.) gearbeitet, sondern gleichzeitig werden die dafür verantwortlichen Ursachen behandelt. Spezielle Aktivierungs- und Bewegungsübungen kommen dabei zum Einsatz.

KLIPP UND KLAR LERNSTUDIO

Für nähere Auskünfte über die Lernstudios können Sie sich an die im Anhang dafür genannte Adresse wenden.

Einleitung

„Mit Deutsch gibt es keine Probleme, aber im Rechnen tut sich mein Kind so schwer!“ Diesen Satz bekomme ich bei Lernberatungen immer wieder zu hören. Worin liegt die Ursache für so einseitige Lernstörungen? Wie ist es möglich, dass ein Kind generell gute Leistungen in der Schule erbringt, aber in einem Fach eklatant schwächer ist?

Die wissenschaftliche Erklärung dafür heißt **Teilleistungsstörungen.** Sie liegen vor, wenn das Lösen bestimmter Aufgaben nur mit großen Problemen, manchmal sogar überhaupt nicht möglich ist, da die dafür erforderlichen **Fähigkeiten** und **Voraussetzungen** nicht zur Verfügung stehen.

Für das Fach Rechnen stellt das **Raum-Lage-Bewusstsein** eine dieser Voraussetzungen dar. Begriffe wie **links, rechts, oben, unten, vorne** und **hinten** stehen damit in Verbindung. Schon für das Aufschreiben einer Zahlenreihe, in der jedes Element seinen Platz hat, muss das Raum-Lage-Bewusstsein verfügbar sein.

1	2	3	4	5	6	7	8	9	10

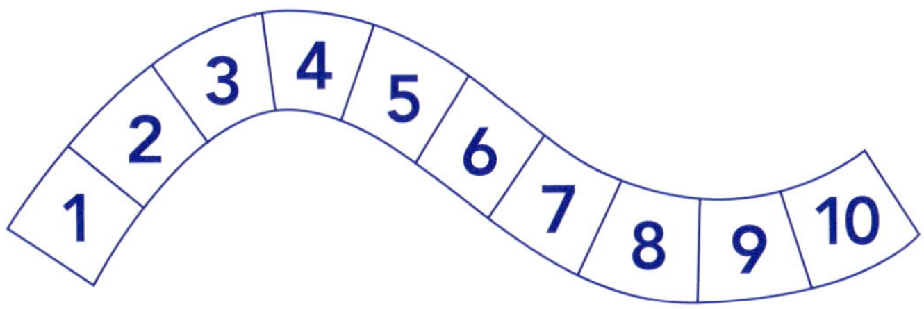

Noch klarer wird die Bedeutung des Raum-Lage-Bewusstseins für Rechnen, wenn man an die schriftliche Durchführung von Rechenoperationen denkt, mit einer genauen Anordnung der Zahlen nebeneinander und untereinander.

```
 492      427 · 36      15400 : 56 = 275
  73     1281            420
3006      2562            280
   7      15372            00
3578
```

Zeichnet man ein Schaubild der Richtungen, in denen die einzelnen Rechenschritte durchgeführt werden, so sieht man erst, wie viele Richtungswechsel von rechts nach links, von oben nach unten und in den entgegengesetzten Richtungen vorkommen. Unsicherheiten im Raum-Lage-Bewusstsein können für die Durchführung der Rechenaufgabe eine große Beeinträchtigung bedeuten.

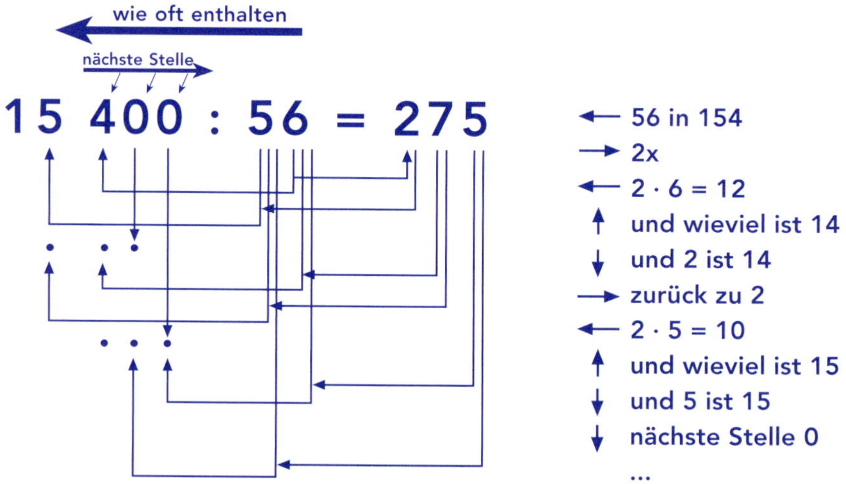

Auch ist eine fehlerfreie Durchführung der Rechenvorgänge ohne ein exaktes Anordnen der Zahlen nebeneinander und untereinander gar nicht möglich.

Noch viele Beispiele ließen sich für die Bedeutung des Raum-Lage-Bewusstseins im Rechenunterricht anführen. Das Lösen aller geometrischen Aufgaben hängt damit zusammen.

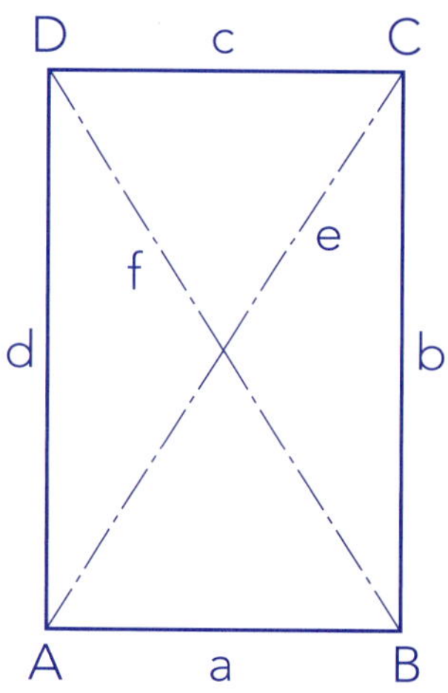

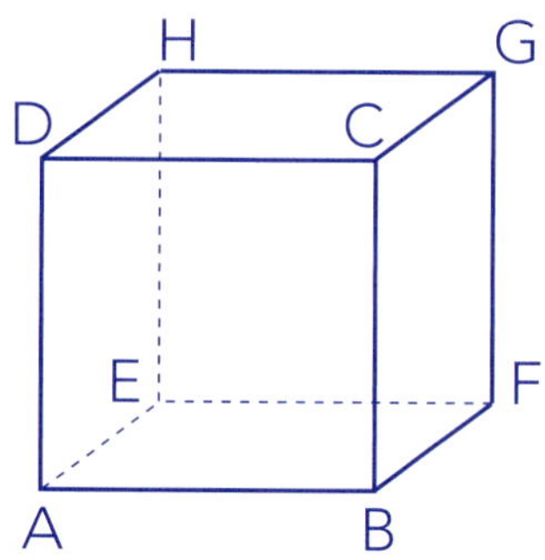

Wie das Raum-Lage-Bewusstsein so ist das Wissen um **allgemeine Mengenbegriffe** ein weiteres Beispiel für Voraussetzungen, die für das Lösen mathematischer Aufgaben unverzichtbar sind. Der allgemeine Mengenbegriff ist die Basis für die Erarbeitung **konkreter Mengenbegriffe** in Form von Ziffern und Zahlen.

Zuerst muss der Schüler die Begriffe **viel, wenig, groß, klein** verstehen und zuordnen können, bevor er mit konkreten Mengen wie **drei, vier** oder **zwanzig** arbeiten kann.

Mit den allgemeinen Mengenbegriffen viel, wenig, mehr, weniger wird sozusagen ein Raster geschaffen, in das die konkreten Mengenbegriffe eingeordnet werden können. Uns Erwachsenen macht es keine Schwierigkeiten Mengen in dieses Raster klar einzuordnen, auch wenn jeder von uns für Begriffe wie viel und wenig subjektive Maßstäbe hat. Für Kinder stellt das öfter, als man denkt, ein Problem dar.

So war es auch bei Nadine, die wegen ihrer Rechenprobleme in die Lernberatung kam. Sie wurde mir vorgestellt mit der Bemerkung: „Sie weiß nicht einmal, was vier ist.“ Nadine hatte tatsächlich Schwierigkeiten Mengen zu bestimmen, die aus mehr als drei Einzelelementen bestanden. Das zeigte sich gleich bei einer ersten Testreihe.

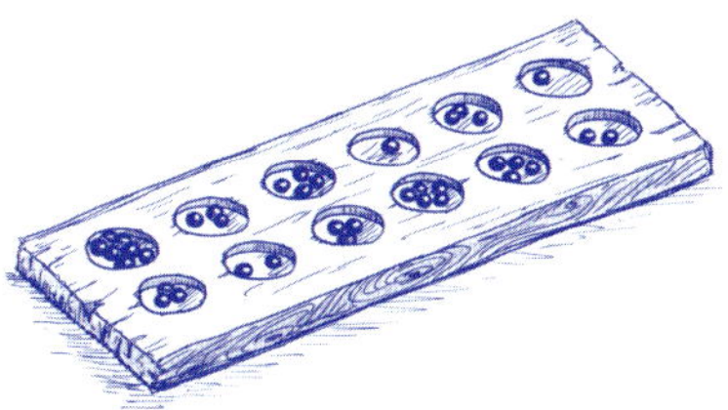

Auf einem hölzernen Spielbrett liegen in Mulden jeweils ein bis sechs Spielsteine, die es zu erkennen gilt. Was ich von Nadine zu hören bekam, war nur ein Raten, das hin und wieder zufällig ein richtiges Ergebnis brachte. Das Mädchen hatte offensichtlich keine Vorstellung von Zahlen und konkreten Mengen.

Ihr fehlte auch die Basis dazu; das wurde während der nächsten Testreihe sichtbar: Nun lagen Spielsteine ab einer Menge von zwanzig in den Mulden, oder aber bis zu einer Anzahl von sechs. Nadine war es nicht möglich, die unterschiedlichen Anhäufungen von Spielsteinen mit den Begriffen viel und wenig zu bestimmen. Alles, was mehr als zwei Spielsteine umfasste, bezeichnete sie als „viel". Vierzig Spielsteine waren für sie genauso „viel" wie vier Steine. Sie hatte keinen Zugang zu allgemeinen Mengenbegriffen und damit fehlte eine wichtige Voraussetzung für konkrete Zuordnungen. Sowohl das Wissen um die allgemeinen Mengenbegriffe als auch das Raum-Lage-Bewusstsein stellen wichtige Voraussetzungen für das mathematische Arbeiten dar. Das habe ich anhand der Beispiele zu verdeutlichen versucht. Stehen gewisse Voraussetzungen nicht zur Verfügung, so können bestimmte Lernprozesse nicht oder nur mangelhaft durchgeführt werden. Defizite entstehen und man spricht von Teilleistungsstörungen. Soweit sie das Rechnen betreffen, werden sie mit dem Sammelbegriff **„Dyskalkulie"** bezeichnet.

Gelingt es mit Hilfe von Förderprogrammen die für den jeweiligen Lernprozess nötigen Voraussetzungen zu schaffen und die dafür erforderlichen spezifischen Fähigkeiten zu schulen, so können die einzelnen Teilleistungsschwächen behoben werden. Welche Teilleistungsschwächen für das Rechnen von besonderer Bedeutung sind, warum sie diese Bedeutung haben, wie man das Vorliegen solcher Störungen feststellen und vor allem wie man sie beheben kann, all das finden Sie in diesem Buch. Zusätzlich bietet dieses Buch ausgewählte Übungen für die Selbsthilfe zu Hause.

Erster Teil

Information

Inhalt

1 Immer mehr Kinder haben **Rechenprobleme**

Die Anzahl der Schüler, die Probleme im Rechenunterricht haben, weist eine steigende Tendenz auf. Das betrifft nicht nur den Bereich der höheren Mathematik (was noch zu verstehen wäre, da der Stoffumfang immer mehr zunimmt und durch die Technisierung anspruchsvoller wird), sondern auch den Grundschulbereich. Die heutigen Schüler sind nachweislich nicht weniger intelligent als diejenigen vor zehn oder zwanzig Jahren. Was hat sich sonst geändert?

Geändert hat sich die Verfügbarkeit von **Fähigkeiten und Voraussetzungen**, die zum Erfassen und Lösen mathematischer Aufgaben notwendig sind. Sie stehen unseren Kindern heute in vielen Fällen nicht mehr in ausreichendem Maße zur Verfügung. Ich denke da zum Beispiel an das bereits erwähnte **Raum-Lage-Bewusstsein**, an die **Hand-Augen-Koordination**, an den **visuellen Bereich** oder an die **selektive Aufmerksamkeit**.

Es beruht vor allem auf dem **Mangel an Bewegung** und auf einer nicht ausreichenden Vielfalt von **Sinnesreizen**, wenn diese Fähigkeiten heute oft nicht optimal ausgebildet sind. Ist man sich der Bedeutung spezifischer Bewegungen für das Lernen bewusst und betrachtet man unter diesem Aspekt die Freizeitgestaltung unserer Kinder, so versteht man das Zunehmen von Lernschwierigkeiten besser.

Bewegungsmangel lässt Fähigkeiten verkümmern

Für manche Schüler gibt es heute kaum noch andere Freizeitbeschäftigungen als stundenlanges Sitzen vor dem Fernsehapparat, Game-Boy und Computerspiele. „Die Kinder sind heute viel fauler als früher“ – das wäre eine zu einfache Erklärung für diese Beobachtung, denn viele Umstände der heutigen Lebenssituation schränken die Bewegungsmöglichkeiten unserer Kinder drastisch ein.

So machen der Straßenverkehr und die damit verbundenen Gefahren ein Spielen auf der Straße oft unmöglich und nicht jede Stadt bietet genügend attraktive Parkanlagen. Es gibt auch wenige Mütter, die am Nachmittag regelmäßig Zeit haben, mit ihren Kindern solche Einrichtungen aufzusuchen. Um den wirtschaftlichen und sozialen Status halten zu können, müssen sehr oft beide Elternteile berufstätig sein. Für viele Kinder bedeutet das, dass sie in der Zeit nach der Schule bis zum Eintreffen der Mutter alleine zu Hause sind. In den meisten Fällen verbringen sie diese Zeit vor dem Fernsehapparat – nahezu regungslos. Noch einen weiteren Umstand, der für die

Bewegungsarmut der Kinder und das Abnehmen sensorischer Reize verantwortlich ist, möchte ich erwähnen: das derzeitige Angebot an Spielsachen. Wenn ich mir heute gängige Spielwarenauslagen ansehe, drängt sich oft der Vergleich mit einem Gruselkabinett auf. Viele der Spielsachen haben eine sehr eingeschränkte Spielfunktion und bieten kaum Raum für kreative Entfaltung. Schon in einer Schachtel einfacher Bausteine finden sich ungleich mehr Spielmöglichkeiten. Aber leider haben auch die buntesten Bausteine neben den Spielfiguren aus der Fernsehwelt bei vielen Kindern kaum eine Chance gekauft zu werden.

Da war doch früher alles ganz anders! Fasziniert höre ich den Erinnerungen älterer Menschen zu, wenn sie von ihren Spielgewohnheiten erzählen. Alle Kinder aus der Nachbarschaft fanden sich auf der Straße zusammen, um miteinander zu spielen: Blinde Kuh, Räuber und Gendarm, Verstecken und Tempelhüpfen – Spiele, die viele unserer Schüler nur vom Hörensagen kennen. Auch beim Spielen für sich alleine kamen die Kinder früher mehr in Bewegung. Das „Zehnerl" ist ein Ballspiel, bei dem das Kind mit dem Ball verschiedene Aufgaben absolvieren muss: hochwerfen und fangen, auf den Boden prellen, unter dem hochgehobenen Bein hindurchwerfen und so weiter. Stundenlang wurde da geübt und manche brachten es zu unglaublicher Perfektion. Schnurspringen (Seilspringen) war eine Disziplin, die fast jedes Kind beherrschte, sogar mit kleinen Kunststücken.

Meine Mutter ist über siebzig Jahre alt und kann uns heute noch auf Anhieb demonstrieren, wie man beim Schnurspringen die Hände überkreuzt. Bei all diesen Spielformen wurden Fähigkeiten trainiert, die ganz wesentlich für das Erfassen mathematischer Aufgaben sind:

Fähigkeiten	Spielform
Raum-Lage-Bewusstsein	Blinde Kuh
Hand-Augen-Koordination	Tempelhüpfen
visueller Bereich	Ballspielen
selektive Aufmerksamkeit	„Ich seh etwas, was du nicht siehst"

Diese Aufzählung ließe sich beliebig fortsetzen. Die Kinder erwarben sich die für das Lösen von Rechenaufgaben wichtigen Voraussetzungen auf spielerische Art, nebenbei; Voraussetzungen, die heute vielen unserer Kinder fehlen oder nur mangelhaft zur Verfügung stehen.

Jede Voraussetzung ist wichtig

Welche Auswirkung das Fehlen bereits einer einzigen der erforderlichen Voraussetzungen auf das Erfassen und Lösen von Rechenaufgaben hat, möchte ich an einem simplen Beispiel erklären. Es kann Auslöser für eine ganze Reihe von Rechenproblemen sein.

Als **Demonstrationsbeispiel** habe ich das Abzählen von Gegenständen gewählt und als fehlende Voraussetzung eine gut ausgebildete Hand-Augen-Koordination. Die einfachste Art Gegenstände abzuzählen ist die, dass man die einzelnen Objekte in die Hand nimmt oder wenigstens berührt. Dafür ist eine gute Hand-Augen-Koordination erforderlich.

Beispiel für eine gut ausgebildete Hand-Augen-Koordination

Nur so können die einzelnen Gegenstände ohne Korrektur erfasst oder berührt werden. Dieses zielstrebige Ergreifen ist von großer Bedeutung, damit klare Informationen an das Gehirn weitergeleitet werden. Wird während des Hingreifens korrigiert (was in einem Hin- und Herrucken der Hand sichtbar wird), so werden auch ungenaue Informationen an das Gehirn weitergegeben.

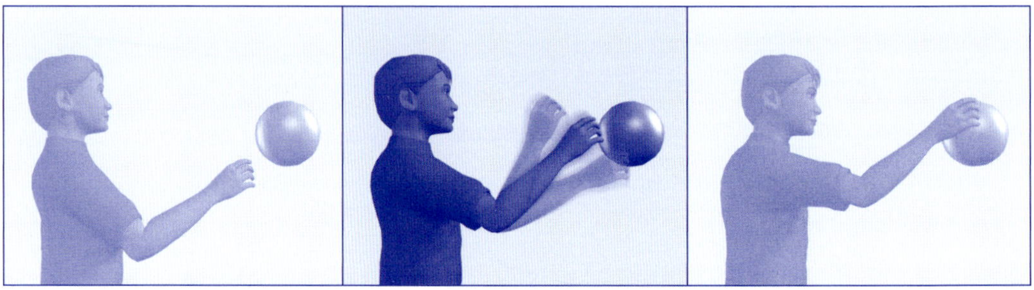

Beispiel für eine schlecht ausgebildete Hand-Augen-Koordination

Die Anzahl der tatsächlich durchgeführten Bewegungen deckt sich in diesem Fall nicht mit der Anzahl der vorhandenen Gegenstände. Es ist, als würde man zählen und jemand anders zählte ständig falsch dazwischen. Da kann es schnell passieren, dass man unsicher wird und von vorne beginnen muss. So ähnlich kann man sich auch die Situation vorstellen, die durch ständiges Korrigieren beim Ergreifen verursacht wird. Der unsichere Input setzt sich in einer ungenauen Verarbeitung fort, die eine ungenaue Speicherung bedingt. Werden Begriffe nicht klar gespeichert, können sie auch nicht eindeutig aus der Erinnerung abgerufen werden.

So können alleine durch eine mangelhaft ausgebildete Hand-Augen-Koordination bereits auf der untersten Stufe des mathematischen Erfassens, auf der Stufe des konkreten Handelns, Defizite entstehen; Defizite, die später das Erarbeiten weiterer mathematischer Grundbegriffe und das Durchführen von Rechenoperationen erschweren.

2 Wie Kinder **rechnen**

Vielleicht sehen Sie die Hand-Augen-Koordination nun aus einem anderen Blickwinkel und messen ihrer Verfügbarkeit größere Bedeutung bei. Damit Sie auch den Wert weiterer Voraussetzungen, die zum Lösen mathematischer Aufgaben benötigt werden, besser verstehen können, möchte ich näher ausführen, wie Rechenprozesse bei Kindern ablaufen.

DIE VIER STUFEN DES MATHEMATISCHEN ERFASSENS

Kinder durchlaufen beim Erfassen und Lösen mathematischer Aufgaben notwendigerweise vier Stufen. Die unterste Stufe stellt das **konkrete Handeln mit Gegenständen** dar. Wie schon der Name sagt, müssen den Kindern auf dieser Stufe ganz konkrete Objekte zum Anfassen oder zumindest zum Anschauen zur Verfügung stehen.

Die Stufe, die darauf aufbaut, wird als **bildliche Darstellung mit grafischen Zeichen** bezeichnet, wobei die Ähnlichkeit der grafischen Zeichen mit den konkreten Objekten noch mehr oder weniger deutlich erkennbar ist.

Auf der dritten Stufe, der **Arbeit mit Symbolen**, sind die zur Anwendung kommenden Symbole schon abstrakter Natur.

Die vierte und höchste Stufe wird als **Automatisierung** bezeichnet. Hat man sie zur Verfügung, so benötigt man zum Lösen der Rechenaufgaben in der Regel nur noch einen geringen Energieaufwand.

4. Stufe:	**Automatisierung**
3. Stufe:	**Arbeit mit Symbolen**
2. Stufe:	**Bildliche Darstellung mit grafischen Zeichen**
1. Stufe:	**Konkretes Handeln mit Gegenständen**

1. Stufe: Konkretes Handeln mit Gegenständen

2. Stufe: Bildliche Darstellung

3. Stufe: Arbeit mit Symbolen

$$4 + 7 = 11$$

4. Stufe: Automatisierung

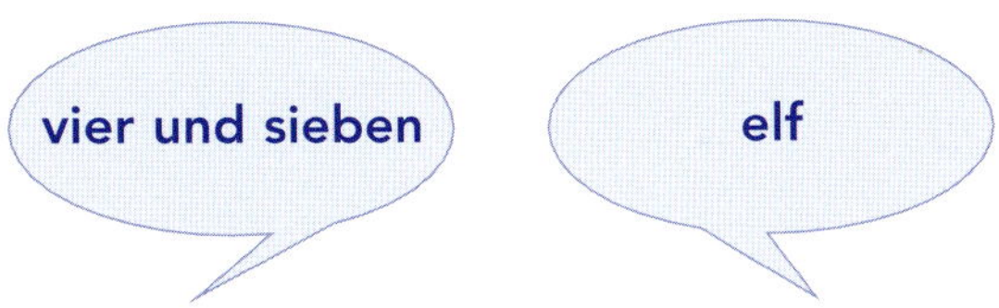

1. Stufe: Konkretes Handeln mit Gegenständen

Anfangs werden mathematische Aufgaben, wie zum Beispiel das Zählen, gelöst, indem Gegenstände in die Hand genommen oder zumindest berührt werden. Auch Rechenoperationen wie Zuzählen und Abziehen werden auf diese Weise durchgeführt. Dafür müssen unter den körperlichen Voraussetzungen besonders die **Koordinations- und die sensorischen Fähigkeiten** ausreichend entwickelt sein. Noch mehr gefragt sind diese Fähigkeiten, wenn das **Ergreifen** der Gegenstände durch bloßes **Berühren** ersetzt wird, da es viel schwieriger ist einen Gegenstand nur leicht zu berühren, als ihn zu ergreifen. Erst wenn das Erfassen und „Begreifen" mit der Hand gut verinnerlicht ist, kann das Kind darauf verzichten und das Erfassen von Mengen allein mit den Augen vollziehen.

Nun tritt die Bedeutung des **visuellen Bereiches** in den Vordergrund. Besonders hervorheben möchte ich für diesen Bereich das **Fixieren von Gegenständen** über eine bestimmte Zeitspanne und die freie Verfügbarkeit der **Augenbewegung**. Beide Fähigkeiten stellen Grundbedingungen für das Abzählen durch Hinschauen dar.

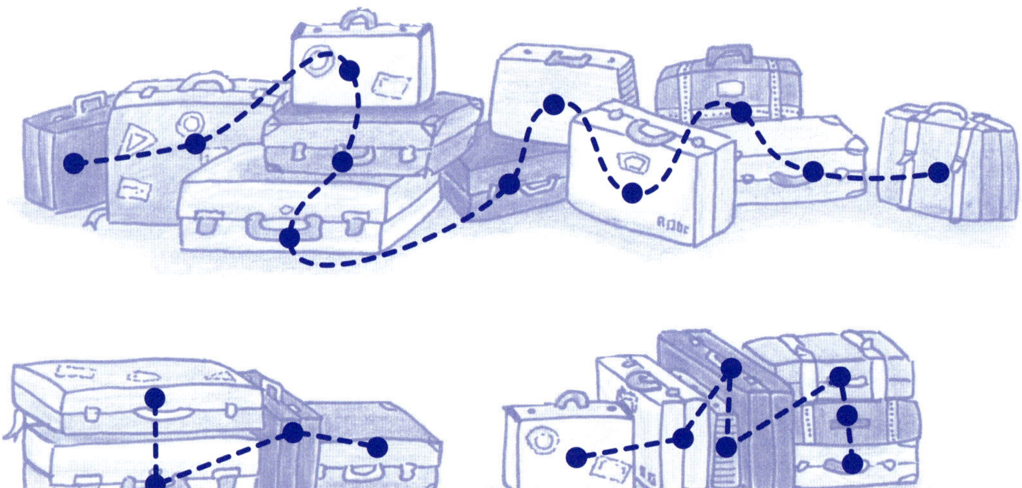

Augenspur beim Abzählen von Gegenständen

Solche Fertigkeiten sind für uns Erwachsene vielleicht ganz selbstverständlich, für viele Kinder sind sie jedoch schwierig. Ihre Augenbewegungen sind teilweise ruckartig und sie schaffen es auch nicht, den Blick längere Zeit auf einen vorgegebenen Punkt zu richten. Ein einfacher Test gibt Aufschluss darüber.

Der Schüler wird gebeten den Kopf ruhig zu halten und nur mit den Augen dem Bleistift zu folgen, der in einem Abstand von etwa 30 cm vor seinem Gesicht wie ein Scheibenwischer hin- und herbewegt wird. Dabei beobachtet man aufmerksam die Augen des Schülers. Ruckartige Augenbewegungen können so sehr einfach festgestellt werden.

Häufig wird das Hin- und Herbewegen der Augen als sehr anstrengend empfunden. Manchen Schülern wird dabei sogar leicht schwindelig. All diese Anzeichen zeugen von Defiziten im visuellen Bereich und verlangen nach einer Aktivierung. Wie dem visuellen und dem koordinativen Bereich sollte man auch allen anderen Fertigkeiten, die für das Absolvieren der untersten Stufe des mathematischen Verstehens wichtig sind, besondere Aufmerksamkeit widmen. Dazu gehören die **selektive Aufmerksamkeit** und das **Raum-Lage-Bewusstsein**.

Die Aufmerksamkeit auf die Aktivierung dieser Fähigkeiten zu richten ist wichtig, damit möglichst die besten Voraussetzungen für ein volles Verstehen aller Rechenvorgänge auf dieser Stufe geschaffen werden. Warum gerade der untersten Stufe des mathematischen Erfassens so große Beachtung zu schenken ist, das hat zwei Gründe:

Zum einem wird auf dieser Stufe das Fundament für mathematisches Verständnis geschaffen und je solider das Fundament ist, desto leichter können später auch schwierige Rechenoperationen bewältigt werden.

Zum anderen gibt die gute Verfügbarkeit dieser Stufe dem Kind die Möglichkeit von jeder weiteren Stufe des mathematischen Arbeitens aus beim Auftreten von Schwierigkeiten darauf zurückzugreifen.

Hat das Kind zum Beispiel Schwierigkeiten beim Berechnen des **Umfangs eines Rechtecks**, so kann das Zurückgreifen auf die Stufe des konkreten Handelns sehr hilfreich sein. Mit einer Schnur wird das entsprechende Rechteck tatsächlich „umfangen" und so wird das Verständnis für den Rechenvorgang geschaffen. Der Rechenvorgang wird in Form von konkreten Handlungen schrittweise aufgebaut. Nun kann die Aufgabe auch mit Ziffern gelöst werden, da der Schüler über die notwendige Vorstellung verfügt.

Rechteck: a = 5 cm, b = 3 cm

1.) Vorbereitete Rechteckschablone aus dickem Karton

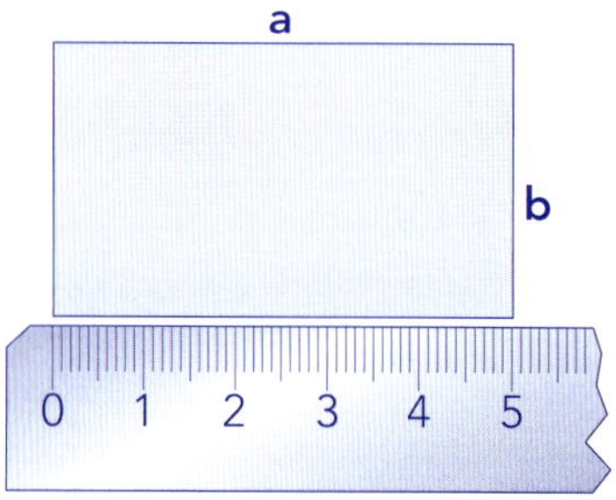

Länge und Breite nachmessen

2.) Bunten Wollfaden um das Rechteck spannen

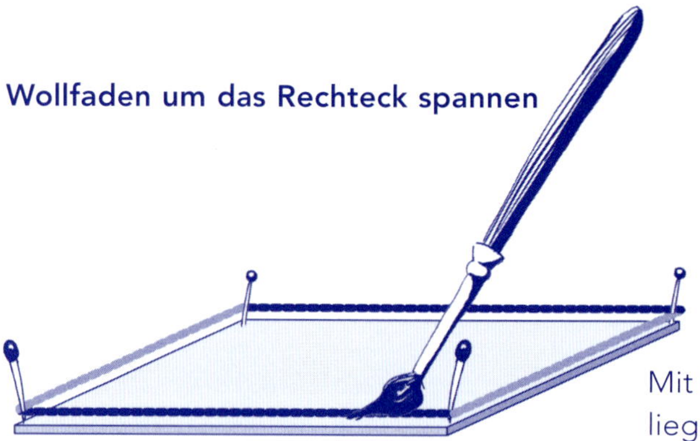

Mit Farbe zwei gegenüber liegende Seiten bemalen

3.) Bemalten Wollfaden auflegen und abmessen

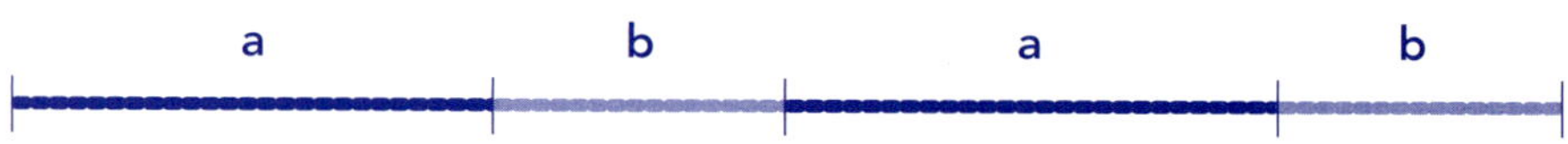

$$u = a + b + a + b \longrightarrow u = 2a + 2b$$

2. Stufe: Bildliches Darstellen mit grafischen Zeichen

Auf dieser Stufe des mathematischen Erfassens werden Handlungen, die bisher konkret vollzogen wurden, zeichnerisch dargestellt. Die Gegenstände werden dabei durch Abbildungen ersetzt.

Was auf der Stufe des konkreten Handelns in Form von Wegnehmen und Dazugeben **tatsächlich geschehen** ist, muss nun in der **Vorstellung** erfolgen. Die Aktivitäten Wegnehmen und Dazugeben werden dabei durch die Symbole **+** und **–** dargestellt.

Das Arbeiten im Bereich der Vorstellung erfolgt über Bilder. Die spezielle Fähigkeit dazu wird der intuitiven Gehirnhälfte zugesprochen.

Zum besseren Verständnis: Unser Großhirn besteht aus zwei gefurchten Halbkugeln, die zusammen einem großen Walnusskern ähnlich sind. Ein tiefer Graben trennt die beiden Gehirnhälften, die auch als Hemisphären bezeichnet werden. Am Boden dieses Grabens sind sie durch ein dickes Nervenfaserbündel miteinander verbunden. Diese Verbindung hat die Bezeichnung Balken oder Corpus callosum. Modellhaft werden jeder dieser beiden Gehirnhälften bestimmte Funktionen zugesprochen.

linke Gehirnhälfte

erkennt Details:

3, m², 2°

arbeitet mit Symbolen:

$2a + 2b = u$

abstraktes Denken:

$3x + 6 = 43 - x$

lineares Denken:

2 ... 4 ... 6 ... 8 ...

usw.

Lösen durch Versuchen

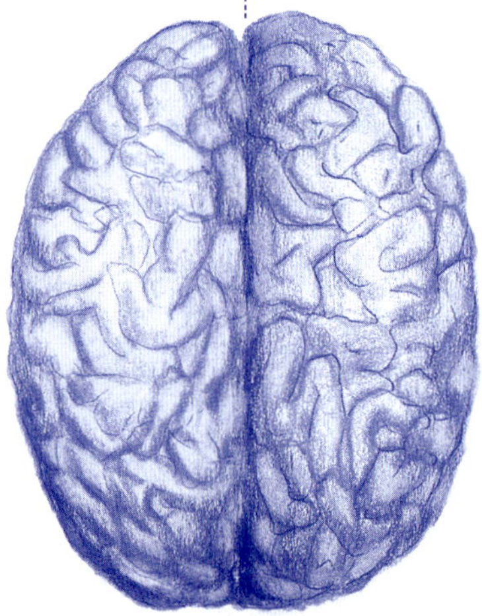

rechte Gehirnhälfte

Denken in Bildern:

Erkennen von Zusammenhängen:

250 g 37,50
23 kg .... ?

räumliches Denken:

Bilden von Einheiten:

10, 100, 1000, ...

usw.

Lösen mit Intuition

Das Arbeiten auf der zweiten Stufe des mathematischen Erfassens setzt nicht nur Aktivität der intuitiven Hemisphäre (= Gehirnhälfte) voraus, sondern die **Verfügbarkeit beider Hemisphären**. Das Erkennen von **Einzelheiten** ist für mathematische Prozesse genauso wichtig wie das Erfassen von **Zusammenhängen. Denken in Bildern** ist von gleicher Wertigkeit wie **Umgehen mit abstrakten Symbolen.**

Da die Rechenvorgänge auf der Stufe der bildlichen Darstellung teilweise in der Vorstellung vollzogen werden, muss der Schüler über eine gewisse Speicherfähigkeit verfügen. Bei einer mangelhaft entwickelten **Integration (hier: Zusammenarbeit) der Hemisphären** werden vorangegangene Arbeitsschritte oft unzureichend behalten, was den Arbeitsprozess beeinträchtigt und zu fehlerhaften Ergebnissen führen kann.

3. Stufe: Arbeiten mit abstrakten Symbolen

Auf der dritten Stufe des mathematischen Erfassens wird das konkrete Handeln, aber auch die bildliche Darstellung zurückgelassen. An ihre Stelle treten nun **abstrakte Symbole in Form von Ziffern und Rechenoperationszeichen.** Von den vorhergegangenen Stufen bleibt nur mehr die mathematische Struktur.

$$4 \quad + \quad 7 \quad = \quad 11$$

Um mit Ziffern und Rechenzeichen operieren zu können, muss man generell gut mit Symbolen umgehen können. Das **Kodieren** und **Dekodieren** abstrakter Zeichen ist eine Voraussetzung für das Rechnen mit Ziffern.

Symbol:	✖	✺	●	★	✸	❖	✪	❁	▌	▲	✡	✦	✙
Zuordnung:	1	2	3	4	5	6	7	8	9	0	+	−	=

Zuordnen:

★	✸	✡	❁	▌	✦	●	●	✡	✸	✸	✪	●
❖	✪	✦	❖	✖	✡	▌	▌	✦	✖	✺	❖	✦

Rechnen:

✖	✪	❖	✡	★	✦	❁	▲	✦	❖	❖	✙	?
★	●	▌	▲	✡	❖	✖	▲	✦	✪	★	✙	?

Auf dieser dritten Stufe des mathematischen Erfassens geht es um Ziffern als Symbole, die ständig in Bedeutungsinhalte umgesetzt werden müssen. Aber das Arbeiten mit Ziffern verlangt auch die Umkehrung, das Umsetzen von Bedeutungsinhalten in Symbolen.

2 + 3 = 5

Diese ständigen Ver- und Entschlüsselungsprozesse laufen bei manchen Kindern nur langsam und fehlerhaft ab. Sie haben zuwenig Erfahrung mit Kodieren und Dekodieren. Besonders schwierig werden diese Prozesse, wenn die symbolische Darstellung nicht dem Handlungsablauf entspricht.

2 + . = 5

Die Lücke in der Schreibweise unterbricht die Kontinuität des Denkens. An Stelle einer Addition muss gedanklich eine Differenz gebildet werden.

Wie auf den beiden vorhergehenden Stufen hat das **Raum-Lage-Bewusstsein** auch auf der dritten Stufe des mathematischen Erfassens seine Bedeutung. Vor allem bei der Anordnung von Symbolen, Zeichen und Ziffern müssen die Begriffe rechts, links, oben, unten verfügbar und fundiert verankert sein. Sehr leicht kann es sonst zu Verwechslungen kommen.

9 und 6

$\frac{3}{8}$ und $\frac{8}{3}$

2a und a^2

$<$ und $>$

(–5) und 5 –

4. Stufe: Automatisierung

Finden Rechenoperationen auf der Stufe der Automatisierung statt, so wird das mathematische Denken entlastet. Die richtige Antwort steht prompt und mühelos, sozusagen automatisch zur Verfügung, ohne dass eine Reihe von Rechenschritten durchlaufen werden muss. Auf dieser Stufe kann die Frage nach dem Ergebnis von „sieben mal vier“ auf Anhieb mit „achtundzwanzig“ beantwortet werden. Es ist nicht mehr nötig, alle „Malsätzchen“ des Vierereinmaleins bis zu „sieben mal vier“ aufzusagen.

7 x 4 = 28 an Stelle von

1 x 4 = 4
2 x 4 = 8
3 x 4 = 12
4 x 4 = 16
5 x 4 = 20
6 x 4 = 24
7 x 4 = 28

Die Stufe der Automatisierung wird durch **oftmaliges Wiederholen** oder mit Hilfe einer **„emotionalen Besetzung“** (siehe unten) erreicht. Oftmaliges Wiederholen muss nicht gleichbedeutend mit dem Abarbeiten endloser Aufgabenkolonnen sein. Abwechslungsreich gestaltete Übungsblätter erhalten beim Wiederholen die Funktionslust der Kinder und vermeiden Ermüdungserscheinungen, die dann auftreten, wenn sie „immer das Gleiche“ rechnen sollen.

Die folgenden Seiten stellen Beispiele für das **Aktivieren der Funktionslust** dar. Beim ersten Beispiel entsteht durch Auflegen der richtigen Ergebnisse ein Bild. Die einzelnen Segmente können auch aufgeklebt, das Bild kann anschließend angemalt werden. Beim zweiten Beispiel wird die Vorlage zerschnitten, die Einzelteile werden durcheinander gemischt und dann wird das Puzzle zusammengesetzt. Die markierten Randteile stellen dabei eine große Hilfe dar.

Vergrößert kopieren und Ergebnisblatt ausschneiden! (Anleitung auf Seite 25)

892 + 729 =	153+ 145 =	223 + 334 =	133 + 423 =	652 + 531 =	731 + 862 =
347 + 195 =	888 + 126 =	751 + 132 =	325 + 456 =	556 + 496 =	431 + 653 =
645 + 958 =	756 + 991 =	111 + 333 =	366 + 722 =	265 + 126 =	345 + 653 =

Addieren: Rechenkärtchen vergrößert kopieren, auf einen stärkeren Karton kleben und ausschneiden. Z. B.: Die Kästchen mischen und wieder richtig zusammensetzen.

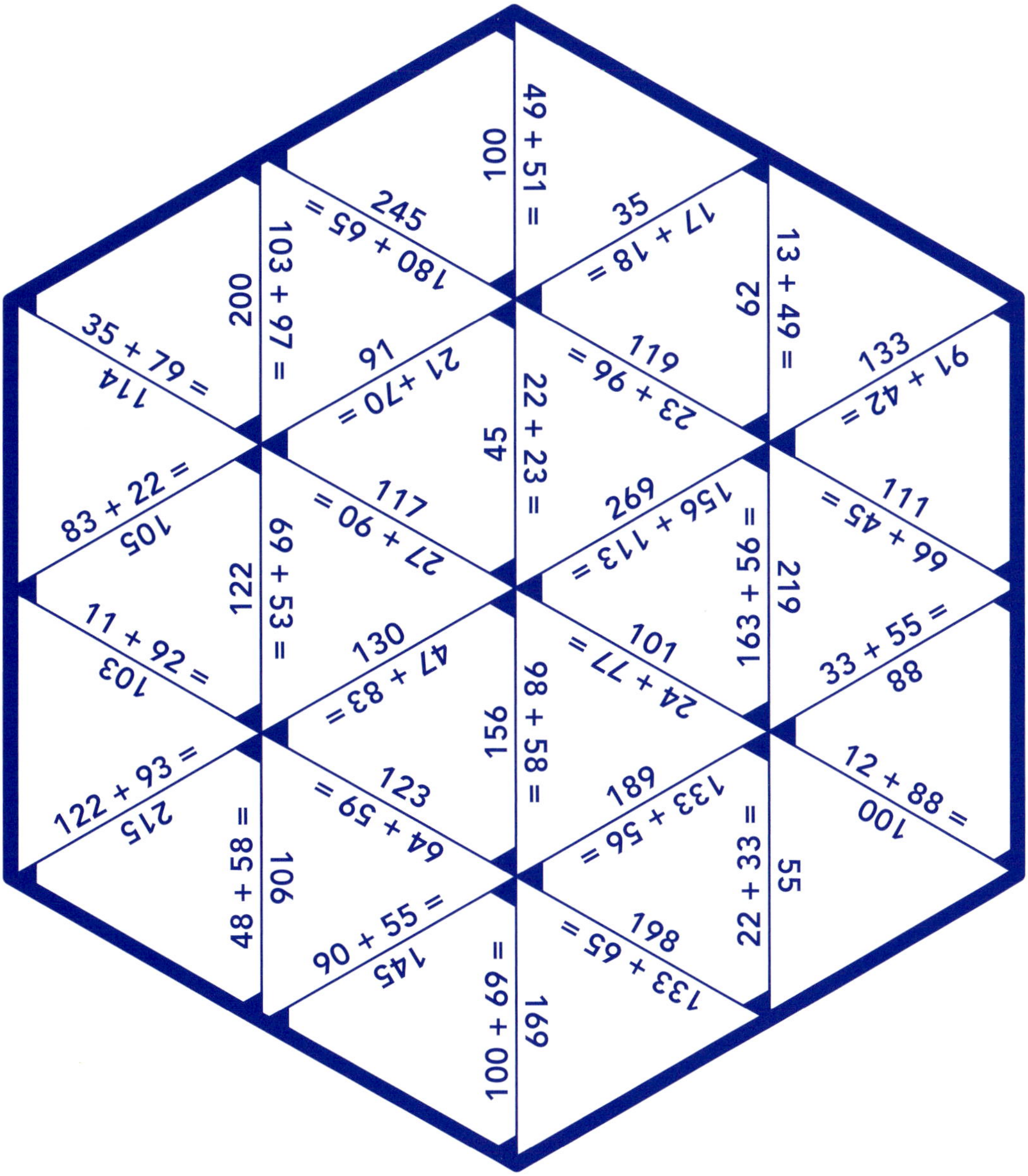

Anleitung: Rechenkärtchen vergrößert kopieren, auf einen stärkeren Karton kleben und ausschneiden. Die Kärtchen werden verkehrt aufgelegt und jeder Mitspieler zieht jeweils zwei oder drei Kärtchen. Wer pro Runde die höhere Zahl hat, bekommt einen Punkt.

11	13	15	17	19	21	23
24	26	28	30	32	34	36
37	39	41	43	45	47	49
50	52	54	56	58	60	62
63	65	67	69	71	73	75
76	78	80	82	84	86	88
89	91	93	95	97	99	9
5	7	33	44	55	66	77

Manchmal führt auch häufiges Wiederholen nicht zur gewünschten Automatisierung. Hier kann eine **„emotionale Besetzung"** den gewünschten Erfolg bringen.

Zum besseren Verständnis dieses Ausdrucks möchte ich die **„Plus-Maschine"** vorstellen. Ich setze sie ein, wenn Kinder Schwierigkeiten haben, das abstrakte Symbol **+** mit der Rechenoperation des Dazuzählens zu verbinden oder wenn sie die beiden Rechenzeichen **+** und **–** verwechseln.

Nach dem Einsatz der „Plus-Maschine" gibt es diesbezüglich meistens keine Probleme mehr: Die Kinder behalten die Geschichte vom Kaninchen, das ohne Kopfbedeckung in die „Plus-Maschine" hineingeht und mit einem Zylinder herauskommt, in Erinnerung. Mit „Plus" verbinden sie dann, dass etwas dazukommt.

Die PLUS-Maschine

Zeichne in die Tafel ein: Welches Plus-Programm läuft gerade ab?

Ergänze beim unteren Bild dem Programm entsprechend!

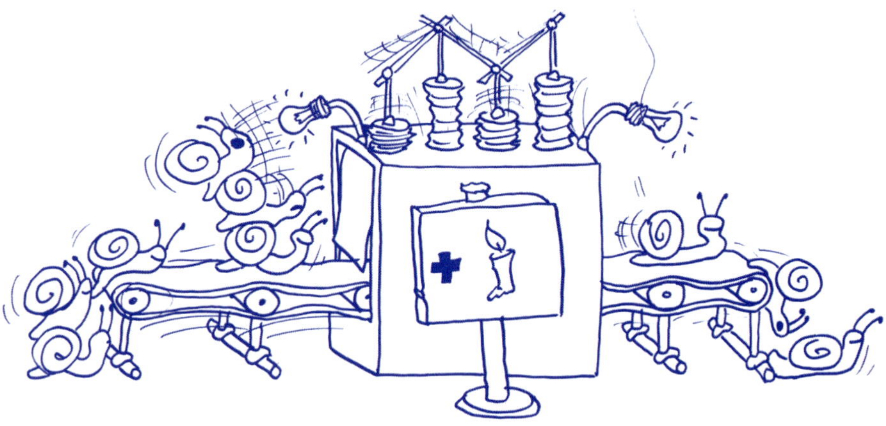

Bausteine der vier Rechenstufen

Konkretes Handeln, bildliches Darstellen, Arbeiten mit Symbolen und Automatisieren sind die vier Stufen des mathematischen Erfassens und Lösens von Aufgaben. Jede dieser Stufen muss verinnerlicht sein, damit auf der nächsten gearbeitet werden kann. Bei Rechenoperationen muss erst Sicherheit durch **konkretes Handeln** gegeben sein, bevor mit **bildlichen Darstellungen** gearbeitet werden kann.

Für das Erreichen dieser Sicherheit sind einige Grundfertigkeiten oder Faktoren erforderlich: Hand-Augen-Koordination, Symbolverständnis, Bilden von Reihen, Raum-Lage-Bewusstsein, Tempo, allgemeiner Mengenbegriff, Selbstbewusstsein, positive Einstellung, Rhythmus und Zeit sind einige davon.

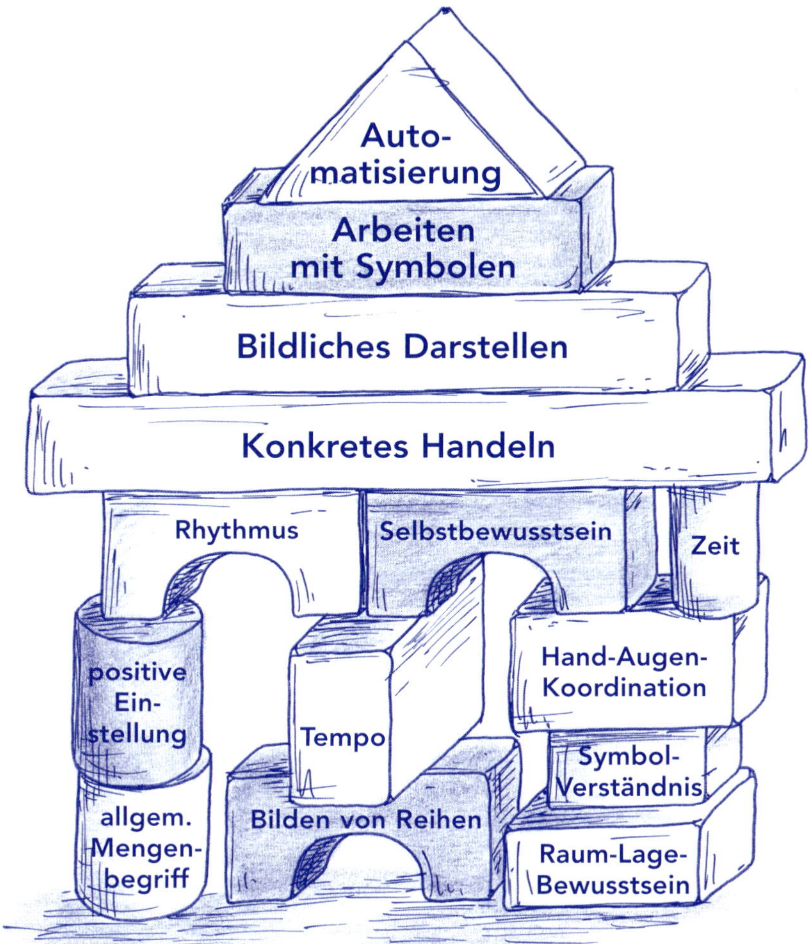

Wie auf dieser Grafik erkennbar, hat jeder der Bausteine eine unverzichtbare Funktion. Fehlt einer oder ist er zu klein geraten, so bricht das Bauwerk zwar vielleicht nicht sofort zusammen, aber es wird instabil. Je größer die Zahl der Steine, die nicht optimal passen bzw. ihre Funktion erfüllen, desto schwieriger wird das Bauen im oberen Bereich.

Dieses Modell kann man auf das Rechnen übertragen. Die Bausteine stellen die einzelnen Voraussetzungen dar. Ist auch nur einer dieser Faktoren nicht voll verfügbar, entstehen Lücken im mathematischen Verstehen; Lücken, die zwar zeitweise durch Kompensationsformen überdeckt werden können, aber in jedem Fall zum Entstehen noch größerer Defizite führen.

3 Wichtige **Voraussetzungen** fürs Rechnen

Um die vier Stufen des mathematischen Verstehens voll erfassen zu können sind viele Voraussetzungen nötig, das hat auch die Grafik (S. 31) anschaulich dargestellt. Nimmt man nun aus der großen Fülle der mathematischen Aufgaben ein einzelnes Beispiel heraus, so stellt sich die Frage, ob auch für diesen Einzelfall viele Faktoren erforderlich sind oder ob als Voraussetzung für das Lösen dieser konkreten Aufgabe vielleicht nur **ein** Faktor ausschlaggebend ist.

Sehr einfach wäre es, könnte man eine Liste aufstellen, die für jedes Rechenproblem **einen** dafür verantwortlichen Faktor angibt, etwa:

Rechenproblem	Faktor
Schwierigkeiten beim Dividieren	Raum-Lage-Bewusstsein
Probleme mit dem Einmaleins	Integration der Gehirnhälften
...	...

Die Realität sieht ganz anders aus

Für die Durchführung jeder Rechenoperation ist das Zusammenspiel **mehrerer** Faktoren notwendig. Das trifft selbst für das Erarbeiten einfacher mathematischer Grundbegriffe, etwa des Mengenbegriffs, zu.

In der Einleitung dieses Buches habe ich von Nicole erzählt, dem Mädchen, das nicht wusste, was vier ist. Als einen Faktor, der für diesen Umstand mitverantwortlich war, habe ich das fehlende Verständnis von allgemeinen Mengenbegriffen aufgezeigt und auch etwas näher beschrieben. Zusätzlich müssen noch andere Faktoren berücksichtigt werden.

Für jeden einzelnen der Faktoren, die für die Erarbeitung des Mengenbegriffs erforderlich sind, muss der Grad seiner Verfügbarkeit überprüft werden. In unseren Lernstudios verwenden wir dazu spezifische Testprogramme, die auf das jeweilige Rechenproblem abgestimmt sind.

Einige Ausschnitte aus demjenigen Programm, das sich mit der Erarbeitung des Mengenbegriffs beschäftigt, möchte ich hier vorstellen.

Voraussetzungen für das Erarbeiten des Mengenbegriffs

Selbst für das Erarbeiten solch einfacher mathematischer Begriffe, wie der Mengenbegriff einer ist, ist das Zusammenwirken mehrerer Faktoren notwendig. Einige der wichtigsten zähle ich hier auf:

■ Hand-Augen-Koordination

Da das Erarbeiten des Mengenbegriffs auf der Stufe des konkreten Handelns beginnt, hat die Hand-Augen-Koordination große Bedeutung. Auch Mengen werden durch Ergreifen begriffen und verinnerlicht. Kann eine Menge motorisch nicht erfasst werden, so ist auch ein intellektuelles Begreifen schwierig. Somit steht der Mengenbegriff auf allen weiteren Stufen des mathematischen Verarbeitens nicht klar zur Verfügung.

■ Fixierung mit den Augen

Sobald das Erfassen, Begreifen und Behalten der verschiedenen Mengen mit der Hand gut beherrscht wird, kann darauf verzichtet werden. Das Kind erfasst die Menge nun nur noch mit den Augen. Das Abzählen erfolgt durch Hinschauen. Dazu muss die Fähigkeit verfügbar sein, einen Gegenstand **nur mit den Augen** über einen bestimmten Zeitraum zu fixieren. Gleiten die Augen immer wieder weg, muss der Vorgang neu begonnen werden. In jedem Fall ist dadurch mehr Zeit erforderlich, aber auch ein gewisses Unsicherheitsgefühl stellt sich ein.

■ Augenfolgebewegung

Das Erfassen von Mengen mit den Augen wird vollzogen, indem das Auge über die einzelnen Gegenstände gleitet und sie kurzfristig fixiert. Nur eine kontinuierliche, frei verfügbare Augenbewegung verhindert das „Übersehen" einzelner Elemente der Menge.

■ Selektive Aufmerksamkeit

Um Mengen erfassen zu können muss man einzelne Objekte klar von der Umgebung unterscheiden können. Dazu ist selektive Aufmerksamkeit erforderlich, das heißt, die Aufmerksamkeit muss ganz gezielt gelenkt werden.

Liegen auf dem Tisch vier Würfel, dann gehört für das Erfassen dieser Menge die ganze Aufmerksamkeit ihnen. Weder die Faserung der Tischplatte noch deren Farbe haben in diesem Moment Bedeutung.

■ Mengenkonstanz

Ein weiterer Faktor für das Erarbeiten des Mengenbegriffs ist das Verstehen der Mengenkonstanz. Dieser Begriff besagt, dass die Menge an sich immer gleich bleibt, auch wenn ihre Bestandteile **unterschiedlich angeordnet** werden. Beispiel: Ein Liter in verschieden geformten Gefäßen bleibt immer ein Liter, unabhängig davon, wie hoch der Wasserstand in den Gefäßen ist – ob er in einem breiten Behälter sehr niedrig oder in einem schmalen sehr hoch ist.

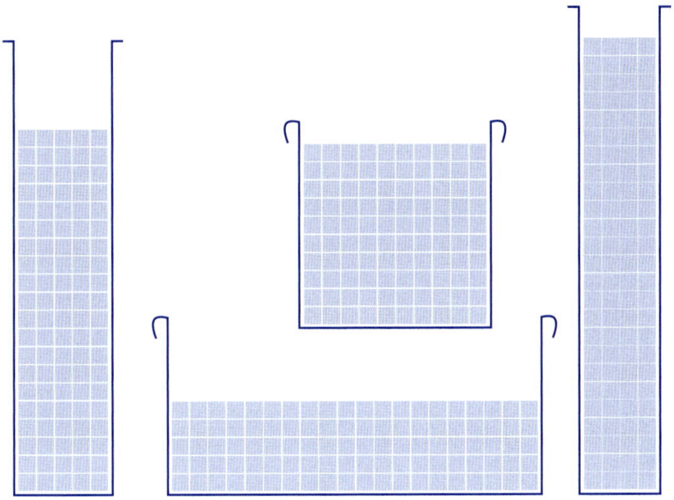

Mengenkonstanz: Ein Liter bleibt immer ein Liter, unabhängig vom Gefäß

■ Allgemeiner Mengenbegriff

Bevor mit den konkreten Mengen 1, 2, 3, 4 ... gearbeitet werden kann, müssen dem Kind allgemeine Mengenbegriffe wie **viel, wenig, groß, klein, größer, kleiner ...** zugänglich sein. Wie kann sonst zum Beispiel die größere Zahl von zweien bestimmt werden?

4 Teilleistungsschwächen feststellen

Eine Lernberaterin in unseren Lernstudios ermittelt den Grad der Verfügbarkeit der einzelnen Faktoren mit Hilfe von Testblättern oder Testreihen. Bei der Durchführung der Tests sind nicht nur die Ergebnisse („richtig" und „falsch") relevant, sondern auch die Art und Weise, wie die einzelnen Aufgaben ausgeführt werden, wieviel Zeit dafür benötigt wird und ob mit dem Lösen der Aufgabe Stress verbunden ist.

Damit Sie sich besser vorstellen können, welche Art von Aufgaben diese Testreihen beinhalten, finden Sie auf den nächsten beiden Seiten zwei Testblätter.

Das **erste Blatt** soll Informationen über die Verfügbarkeit der Hand-Augen-Koordination geben. Die Zeichnung stellt eine Rennstrecke mit verschiedenen Schikanen dar. Die Aufgabe besteht darin, die gezeichnete Fahrbahn mit einem Buntstift in möglichst kurzer Zeit fehlerfrei zu durchfahren.

Während dieser Tätigkeit wird das Kind nach bestimmten Vorgaben beobachtet:

- Wie schnell kann es die Rennstrecke mit einem Bleistift durchfahren?
- Wie oft wird dabei der Streckenrand berührt oder sogar überfahren?
- Muss das Kind bei der Führung des Stiftes öfter absetzen oder kann es große Streckenabschnitte in einem Zug absolvieren?
- Wie wirkt das Kind während dieser Tätigkeit? Ist die Körperhaltung locker oder verkrampft?
- Ist die andere, nicht beteiligte Hand blockiert oder liegt sie locker auf dem Tisch?

Alle Beobachtungen werden notiert und tragen zur Beurteilung der Hand-Augen-Koordination bei.

Anhand des **zweiten Blattes** kann die freie Verfügbarkeit der Augenbewegungen überprüft werden. Jede einzelne Schlange soll vom Kopf bis zum Schwanz nur mit den Augen verfolgt werden. Dabei stellen die verschiedenen Windungen und Überkreuzungen große Herausforderungen dar. Da zu jedem Schlangenkopf mehrere Schwanzenden angeboten werden, kann auch nicht geschummelt werden, indem einfach nur Kopf und Schwanz des gleichen Musters gesucht werden.

TESTBLATT

Name:

Bemerkungen:

Das große Rennen!
Nimm einen Buntstift und fahr so schnell wie möglich den Weg ab, aber ohne anzustoßen! Wie lange hast du dazu gebraucht? Zähle, wie oft du dabei den Streckenrand berührt hast!

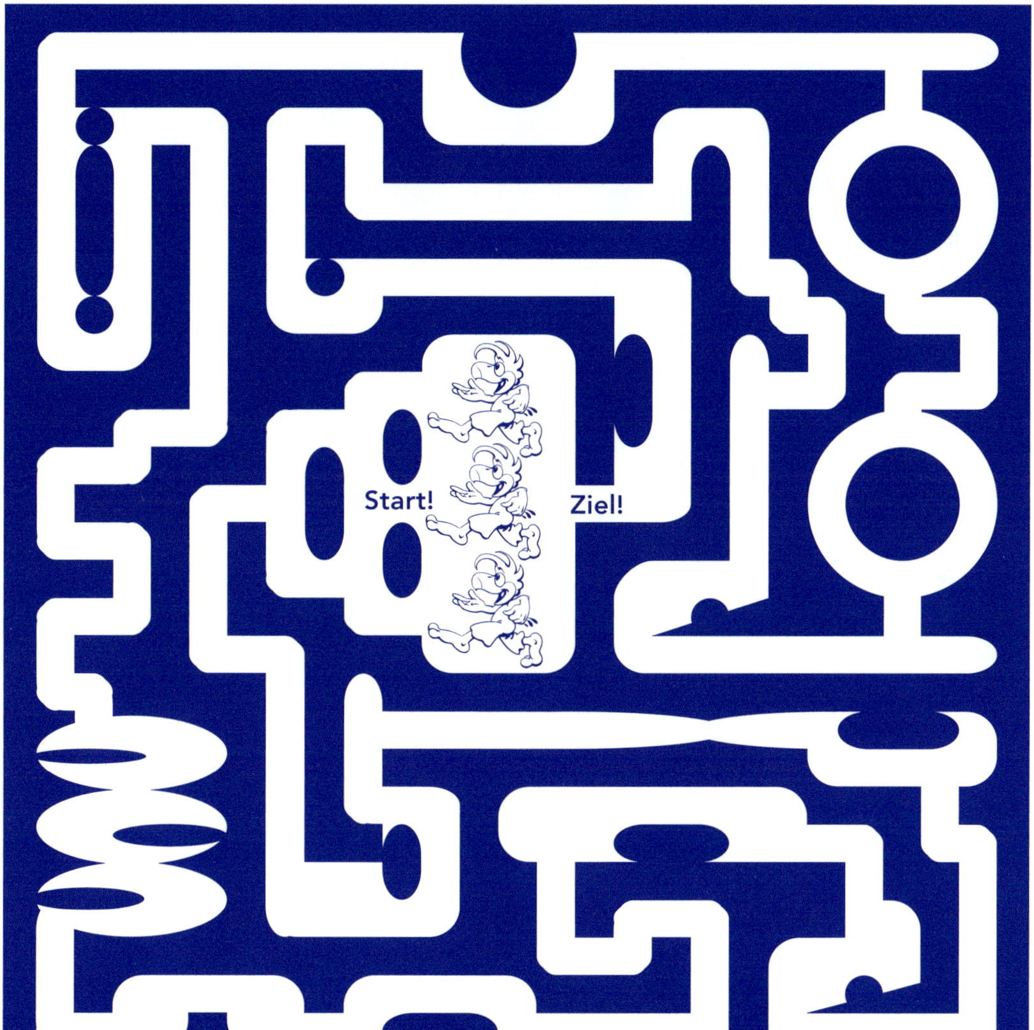

TESTBLATT

Name:

Bemerkungen:

Verfolge nur mit den Augen jede Schlange vom Kopf bis zum Schwanzende. Am Schwanzende jeder Schlange siehst du einen Buchstaben. Trage ihn links in das Kästchen ein. Wie heißt die Lösung?

Die Auswertung der Testreihen, von denen zwei Testblätter zum besseren Verständnis vorgestellt wurden, gibt Aufschluss darüber, welche Fähigkeiten einer Förderung bedürfen und in welchem Ausmaß sie erfolgen soll. Nehmen wir an, unter allen angeführten Faktoren seien vor allem der visuelle Bereich und die selektive Aufmerksamkeit auffällig schwach ausgebildet.

	gut	mittel	schwach
Fixierung	❍	☒	❍
Mengenkonstanz	☒	❍	❍
Integration der Hemisphären	❍	☒	❍
Augenfolgebewegung	❍	❍	☒
selektive Aufmerksamkeit	❍	❍	☒

Reihung nach Priorität

Durch die Testreihen wird herausgefiltert, welche Faktoren einer Aktivierung bedürfen. Bevor die Lernberaterin mit einem Förderprogramm beginnt, wird sie eine Reihung nach Priorität durchführen.

Für unser Demonstrationsbeispiel heißt Berücksichtigung der Priorität, dass zuerst eine gute Verfügbarkeit der Augenfolgebewegung gewährleistet sein muss, bevor die selektive Aufmerksamkeit aktiviert werden kann. Diese Reihung bezieht sich auf die Abfolge der Voraussetzungen, die vorhanden sein müssen, damit der jeweils nachfolgende Lernschritt verstanden werden kann.

1. Förderprogramm: visueller Bereich

2. Förderprogramm: selektive Aufmerksamkeit

In der damit festgelegten Reihenfolge kann effizient an der Behebung des Rechenproblems gearbeitet werden. Wie diese Arbeit konkret ausschaut, was die einzelnen Förderprogramme beinhalten und wie sie am besten eingesetzt werden, darüber gibt das nächste Kapitel Aufschluss.

5 Förderprogramme bringen Hilfe

Es ist die Aufgabe von Förderprogrammen Lücken zu schließen, die entstehen, wenn in der kindlichen Entwicklung manche Entwicklungsschritte nicht oder nur teilweise vollzogen werden.

Unterbrechungen in der Kontinuität der Entwicklung sind größtenteils durch Mangel an Bewegung und sensorischen Reizen verursacht. Wegen dieses Mangels können ganz bestimmte Fähigkeiten in den dafür vorgesehenen Zeiträumen nicht zur Entfaltung kommen.

Werden nun nach Jahren diese Defizite erkannt, ist der Betroffene nicht dazu verurteilt auf Dauer mit Lernproblemen zu leben. Mit Hilfe spezifischer Förderprogramme kann er die schlummernden Fähigkeiten aktivieren und Schritt für Schritt die vorhandenen Lücken schließen. Diese Förderung brachliegender Potentiale kann zu jeder Zeit erfolgen und es ist nie zu spät mit dieser Arbeit zu beginnen. Natürlich hat sie bessere Erfolgschancen, je früher man damit beginnt.

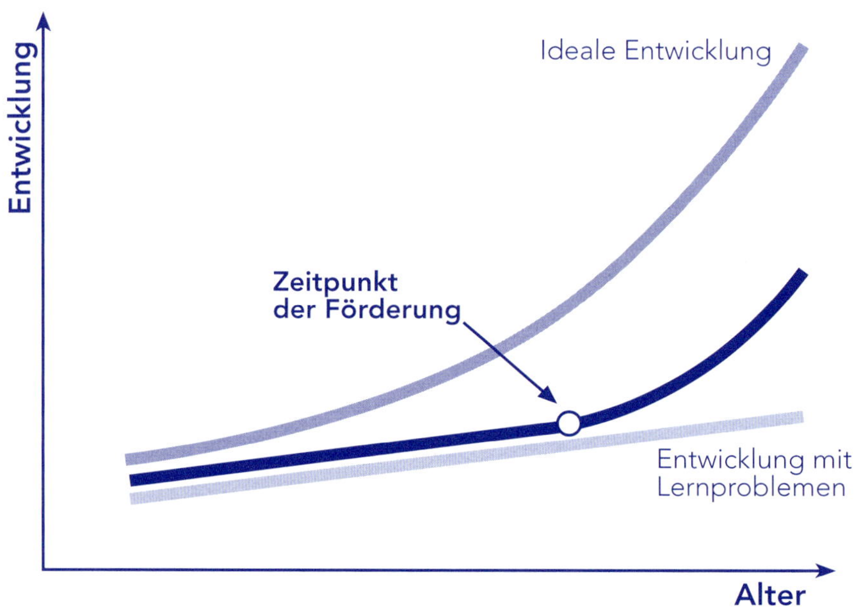

Schwerpunkte der Förderprogramme

Meiner Meinung nach sind Bewegungsmangel und Mangel an Vielfalt der Sinneswahrnehmungen zwei hauptverantwortliche Ursachen, wenn wichtige Voraussetzungen für Lernprozesse fehlen. Daher müssen zielgerichtete Förderprogramme vor allem diese beiden Komponenten berücksichtigen. Auf Grund dieser Überlegung habe ich für meine Förderprogramme, mit denen in den Lernstudios gearbeitet wird und die ich in diesem Buch vorstelle, zwei Schwerpunkte festgelegt.

6 Bewegungsübungen:

Die Bewegungsübungen sind zum Beheben der (durch Bewegungsmangel entstandenen) Defizite bestimmt und sprechen die Bewegung und Orientierung des Körpers im (dreidimensionalen) Raum an. Den zweiten Schwerpunkt bilden die

A Arbeitsblätter:

Sie enthalten Übungen, die die Sinne auf unterschiedliche, vielfältige Weise stimulieren und damit Defizite aus der frühen Kindheit zumindest teilweise ausgleichen. Sie aktivieren das Kind zum Arbeiten auf **Papier**, also mit einem zweidimensionalen Medium (Beispiele: lesen, schreiben, malen), und sprechen damit die gleiche Ebene an, auf der letztendlich die mathematischen Aufgaben gelöst werden müssen.

Immer wieder konnte ich bei der Durchführung von Förderprogrammen feststellen, dass eine Fähigkeit zuerst in der Dreidimensionalität (im körperlich erfahrbaren Raum) verfügbar sein muss, bevor sie auf Papier übertragen werden kann. Aus diesem Grund **beginnt** die Lernförderung mit den Bewegungsübungen.

Der Vorrang der Bewegungsübungen

Schon seit langer Zeit ist die große Bedeutung von Bewegungsübungen für Förderprogramme, die sich mit der Behebung von Lernproblemen beschäftigen, bekannt. Bereits um die Jahrhundertwende haben Doman, Delacato, Kephart und Barsch Überkreuzbewegungen in ihre Lernprogramme zur Verbesserung schulischer Leistungen eingebaut und sichtbare Erfolge damit erzielt. Leider sind diese Programme über einen längeren Zeitraum in Vergessenheit geraten.

Erst Dr. Paul Dennison, ein amerikanischer Pädagoge und Pionier der Angewandten Kinesiologie, hat mit seinen Brain-Gym®-Übungen die Bedeutung der Überkreuzbewegungen wieder in den Vordergrund gerückt. In seinem Übungsprogramm finden sich nicht nur Überkreuzbewegungen, sondern noch eine Reihe anderer Bewegungsfolgen, die Auswirkungen auf die Verbesserung schulischer Lernprozesse und Leistungen haben. (Dennison: *Brain-Gym®-Lehrerhandbuch,* siehe Literaturhinweise im Anhang). Ich lernte diese Übungen vor vielen Jahren beim Besuch von Edu-Kinestetik-Seminaren kennen und habe sie in meiner Zeit als Lehrerin erfolgreich in der Praxis erprobt. Dass sie wirken, war nie eine Frage für mich und anfangs machten auch alle Schüler begeistert mit. Nur: Wie bringt man Kinder aller Altersstufen dazu diese Übungen **regelmäßig** über einen **längeren Zeitraum** gerne zu machen? Ich stellte die Übungen zu Programmen zusammen, kleidete sie in Geschichten und suchte zu den einzelnen Bewegungen passende Musikstücke.

Den Durchbruch erreichte ich besonders bei Kindern und Jugendlichen, indem ich Hilfsmittel mit einbezog und mit der Ausführung der Übungen Aufgaben verband.

Übungen mit Brain-Gym®-Effekt

Gleichzeitig begann ich nach Übungsfolgen und Spielen Ausschau zu halten, die bestimmte Aspekte der Brain-Gym®-Übungen widerspiegeln. Ich erkannte, dass schon ganz einfache Bewegungsübungen diesem Anspruch gerecht wurden, wie zum Beispiel das mit verschiedenen Aufgaben verbundene Fangen und Werfen von Bällen: Wird der Ball mit der **linken Hand** auf der **rechten Körperseite** gefangen, erfordert das ein Überqueren der Mittellinie und stellt somit eine Überkreuzbewegung dar. Dabei erfolgt das Überqueren der Mittellinie ganz automatisch, durch Erfüllen der gestellten Aufgabe, und wird nicht zum Selbstzweck.

Für meine Begriffe wird die Körperkoordination mit dieser Übungsvariante sogar noch mehr gefordert als bei einer bloßen Überkreuzbewegung, da sich der Schüler beim Fangen den Bewegungsablauf nicht selbst vorgeben kann, sondern die Bewegung reaktiv erfolgt.

Natürlich können viele Kinder mit Koordinationsproblemen nicht auf Anhieb den Ball in der oben beschriebenen Form fangen. Für sie steht diese Übung am Ende einer Übungsreihe, die mit ganz einfachen Übungsformen (wie Zurollen von Bällen) beginnt.

Ein weiteres Beispiel für eine aufgabenorientierte Überkreuzbewegung stellt diese abgebildete Partnerübung dar.

Übungen mit ganzheitlichem Ansatz

Meine Erfahrung hat gezeigt, dass die Ausführung aufgabenorientierter Übungen sowohl Kindern als auch Jugendlichen sehr viel Spaß macht und dass häufige Wiederholungen kein Problem darstellen. Auch viele Erwachsene entdecken mit diesen Übungsformen ihren Spieltrieb neu. Als zusätzlicher Effekt werden bei dieser Art von Bewegungsübungen noch weitere Bereiche aktiviert. So stimuliert das Fangen von Bällen neben der Körperkoordination auch die Fähigkeit, zwischen Nahsehen und In-die-Ferne-Sehen problemlos zu wechseln, und sie stimuliert verschiedene Blickrichtungen, ferner das Raum-Lage-Bewusstsein und die Hand-Augen-Koordination.

Bewegungsübungen von Werner Elsner

Auf der Suche nach entsprechenden Bewegungsübungen und Spielformen für meine Förderprogramme bekam ich viele Anregungen und auch praktische Unterstützung von Tennislehrern und Sportlehrern. Die Bewegungsübungen und Spielformen für dieses Buch habe ich mit dem Sportlehrer Werner Elsner zusammengestellt. Sie aktivieren für das schulische Lernen notwendige Körper- und Gehirnfunktionen und schaffen so optimale Voraussetzungen für das Beheben von Lernschwierigkeiten. In Bezug auf die Brain-Gym®-Übungen möchte ich sie als Ergänzung und Erweiterung bezeichnen. Viele der angegebenen Übungen kann das Kind alleine durchführen, manche sind als Partnerübung konzipiert. Als Übungspartner können Eltern und Lehrer genauso fungieren wie Freunde und Mitschüler. Auch Übungen für Gruppen haben wir zusammengestellt. Zur besseren Orientierung sind die Übungen mit entsprechenden Symbolen gekennzeichnet:

V 1, V 2, ...	Variationen der Übung
S 1, S 2, ...	Schwierigkeitsgrad der Übung
●	Einzelübung (eine Person)
●●	Partnerübung (zwei Personen)
●●●	Gruppenübung (drei oder mehrere Personen)
6	fortlaufende Nummerierung aller Übungen

A, Ü	Arbeitsblatt (A), Übungsblatt (Ü)

1 Ballonartist ●

Du lässt drei verschiedenfarbige Luftballons durch Antippen in der Luft schweben. Sie sollen den Boden nicht berühren. Halte dich dabei nacheinander an diese verschiedenen Regeln:

1. Du darfst alle drei nur mit der linken Hand und dem rechten Fuß antippen.
2. Du darfst alle drei nur mit der rechten Hand und dem linken Fuß antippen.
3. Du darfst den roten Luftballon nur mit der rechten Hand antippen, den blauen nur mit der linken, den gelben nur mit den Füßen.
4. Du hältst in der rechten Hand ein Lineal; damit versuchst du alle drei Luftballons in der Luft zu halten.
5. Versuche dasselbe mit dem Lineal in der linken Hand.

Mit dieser einfachen Übung wird eine Reihe von Körper- und Gehirnfunktionen trainiert:

- Die rechte und linke Körperseite und damit die Dimension der Lateralität
- Koordination des gesamten Körpers (abwechselnder Einsatz rechte / linke Hand und rechter / linker Fuß) und somit auch Integration der Hemisphären
- Zusammenarbeit von Oberkörper und Unterkörper mit Einfluß auf die Zentrierung
- Gleichgewichtssinn (auf einem Bein stehen)
- visueller Bereich mit Blickfeldern und raschen Augenbewegungen
- peripheres Sehen (alle Luftballons müssen im Auge behalten werden)
- Symbolzuordnung (roter Ballon rechte Hand; blauer Ballon linke Hand ...)
- Fokus: gerichtete Aufmerksamkeit (Ballon, der angetippt wird) und diffuse Aufmerksamkeit (alle anderen Ballons) müssen gleichzeitig verfügbar sein
- Hand-Augen-Koordination: Antippen mit der Hand und dem Lineal

Der Einsatz von Arbeitsblättern

Mit den Bewegungsübungen und den verschiedenen Spielformen werden auf der Bewegungsebene gezielt Voraussetzungen erschlossen. Mit Hilfe von Arbeitsblättern wird diese Arbeit noch weiter vertieft.

Diese Vertiefung betrifft, wie bereits beschrieben, das Arbeiten auf Papier, also mit einem zweidimensionalen Medium, aber auch eine Verfeinerung der Bewegungen. Bei der Durchführung der Bewegungsübungen wird größtenteils im Bereich der Grobmotorik gearbeitet; das Ausfüllen der Arbeitsblätter erfordert vermehrt den Einsatz der Feinmotorik. Beide Aspekte, das Arbeiten mit einem **zweidimensionalen Medium** und der Einsatz der **Feinmotorik**, adaptieren die erworbenen Fähigkeiten für die Arbeit mit den Rechenproblemen selbst.

Beim Einsatz von Arbeitsblättern muss man berücksichtigen, dass Kinder Blätter, die ihren Fertigkeiten entsprechen, gerne bearbeiten, dass sie diese Bereitschaft aber nicht zeigen, wenn Fähigkeiten erforderlich sind, die ihnen nicht optimal zur Verfügung stehen. Aber gerade in diesen Fällen erfüllen die Blätter eine wichtige Aufgabe und es lohnt sich die Kinder für diese Arbeit zu gewinnen.

Die Arbeitsblätter, die in diesem Buch vorgestellt werden, haben exemplarischen Charakter. Sie sollen aufzeigen, wie die Blätter gestaltet sein müssen, damit der jeweils angesprochene Bereich trainiert werden kann.

Anhand dieser Vorlagen ist es nicht sehr schwierig aus dem großen Angebot an Lernhilfen, das derzeit auf dem Markt ist, weitere Übungsblätter auszuwählen. (Im Anhang finden Sie Bezugsquellen dazu.) Für unsere KLIPP & KLAR-LERNSTUDIOs habe ich ganze Mappen themenorientierter Arbeitsblätter zusammengestellt. (Bezugsadresse: siehe Anhang) Ich erachte es für sehr wichtig den Kindern für jeden Bereich mehrere Übungsblätter anbieten zu können. Nur durch eine ausreichende Anzahl von Wiederholungen ist die Stabilisierung der einzelnen Übungsbereiche möglich.

Der Kakadu liebt das Drachensteigen!

Aber nur einer von den fünf Drachen ist seiner.
Kannst du herausfinden, welcher ihm gehört?
Ohne mit den Fingern nachzufahren...

Symptome und ihre Ursachen

Der Einsatz von Bewegungsübungen und Arbeitsblättern zielt auf die Ursachen von Lernproblemen. Damit werden spezifische Fähigkeiten geschult und die erforderlichen Voraussetzungen für die Behebung von Lernstörungen geschaffen. Doch dann müssen die neuen, verbesserten Bedingungen auch beim Rechnen umgesetzt werden. Das bedeutet ein Arbeiten an den „Symptomen", an den einzelnen Rechenproblemen selbst. Erst diese direkte Arbeit an den Symptomen rundet das Konzept der Förderprogramme ab und stellt eine tatsächliche Verbesserung der rechnerischen Leistungen sicher.

Auf der Symptomebene hat ein Schüler dann die Chance seine Rechenprobleme in den Griff zu bekommen, wenn die **fachbezogenen Erklärungen** für ihn verständlich sind und er **genug Übungsmöglichkeiten zum jeweiligen Rechenthema** selbst angeboten erhält.

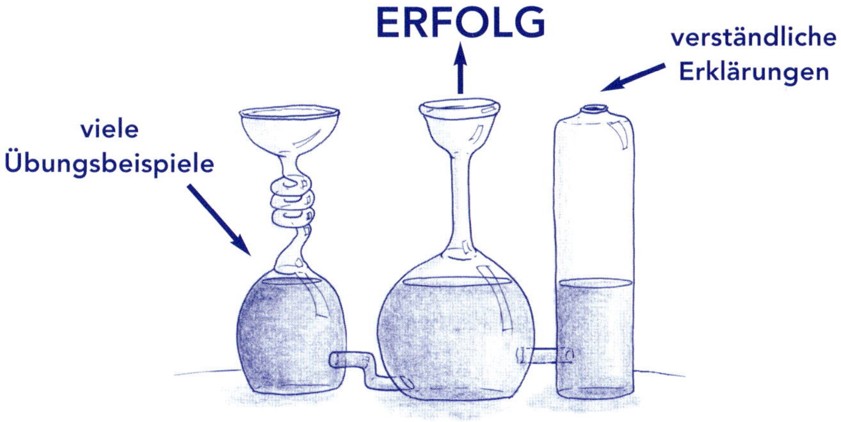

Die Bedeutung der bevorzugten Wahrnehmungsebene

Jeder von uns (und so auch jedes Kind) nimmt seine Umwelt vorzugsweise mit einer bestimmten **Wahrnehmungsebene** wahr. Das kann also Wahrnehmung am besten über das Sehen, am besten über das Hören oder über das Fühlen (Anfassen, Betasten, Damit-Umgehen ...) sein.

Am besten verständlich sind Erklärungen für Kinder dann, wenn sie entsprechend ihrer bevorzugten, am meisten benutzten Wahrnehmungsebene angeboten werden. Uns Menschen geht es beim Lernprozess (hinsichtlich der Wahrnehmungsebene) ähnlich wie einem Radioapparat: Dieser kann auch nur die Frequenz empfangen, auf die er eingestellt ist. Sendungen auf anderen Kanälen, mit anderen Frequenzen – mögen sie auch noch so oft wiederholt werden – bleiben unhörbar.

Die Kanäle, auf denen wir Menschen „empfangen“ können, sind:

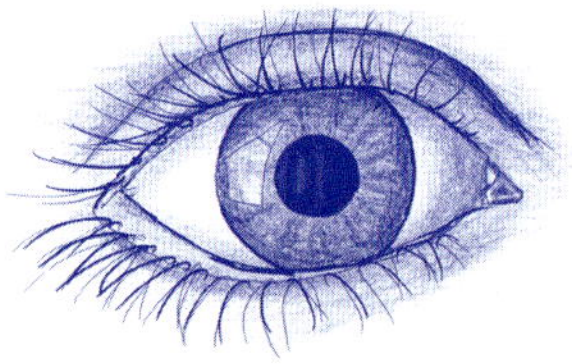

visuelle Wahrnehmungsebene

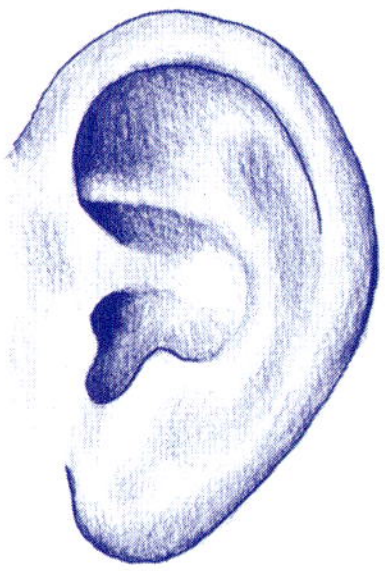

auditive Wahrnehmungsebene

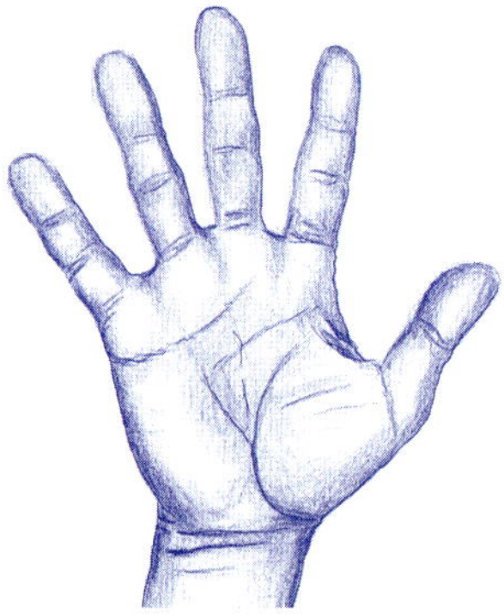

kinästhetische Wahrnehmungsebene (Fühlen, Anfassen, ...)

Kinder mit bevorzugter **visueller** Wahrnehmungsebene müssen alles **sehen,** wobei Farben und Formen besonders einprägsam wirken. Sie können sehr gut visualisieren und verarbeiten Informationen meistens in der intuitiven Gehirnhälfte. Kinder mit dominanter **auditiver** Wahrnehmungsebene benötigen für das Aufnehmen von Informationen die Sprache. Zuhören oder sich selbst etwas laut vorlesen fördert bei ihnen das Verstehen. Die Informationen werden vor allem in der analytischen Gehirnhälfte verarbeitet. Für die **kinästhetische** Wahrnehmungsebene ist das Lernen mit Hilfe der praktischen Erfahrung, des Be-greifens, des Tuns und Machens typisch. Diese Kinder müssen alles spüren und selbst erfahren um es aufnehmen zu können. Die Informationsverarbeitung erfolgt **abwechselnd** in der rechten und der linken Hemisphäre.

Wie bedeutsam die individuell bevorzugte Wahrnehmungsebene bei der Aufnahme von Inhalten ist, hat sicher jeder schon an sich selbst beobachten können. Ich erinnere mich in diesem Zusammenhang an das Korrigieren der Hausaufgaben meines Sohnes. Las er mir die Aufgaben vor, mit der Bitte, die Fehler zu verbessern, so kam ich jedesmal sehr bald in eine Stresssituation. Ich wurde ungeduldig, musste mir manche Sätze noch einmal vorlesen lassen und überhörte trotzdem Fehler. Bat ich meinen Sohn hingegen, mir die Arbeit vorzulegen, und warf ich nur einen Blick darauf, dann schienen mir die Fehler förmlich ins Auge zu springen. Blitzschnell konnte ich die Arbeit überfliegen und die Fehler anstreichen. Meine visuelle Wahrnehmungsebene ist viel besser ausgebildet als meine auditive.

Dieses Wissen um die große Bedeutung der Wahrnehmungsebene in die Arbeit mit rechenschwachen Kindern zu integrieren heißt: bei allen **Erklärungen die bevorzugte Wahrnehmungsebene des jeweiligen Schülers ansprechen.** Nur so hat er die Möglichkeit alle Bedeutungsinhalte schnell und vollständig zu erfassen.

Wie man die bevorzugte Wahrnehmungsebene herausfindet

In unseren Lernstudios verwenden wir zum Herausfinden der bevorzugten Wahrnehmungsebene eine Kombination aus mehreren Faktoren, darunter auch eine sogenannte **Reizwortliste**. Mit ihrer Hilfe ist es möglich eine grobe Bestimmung der dominanten Wahrnehmungsebene durchzuführen.

Sie finden eine solche Reizwortliste auf der folgenden Seite und ich möchte Ihnen noch einige Tipps für ihre Verwendung geben. Lesen Sie dem Kind jeden Begriff einzeln vor und notieren Sie den ersten verbalen Impuls, der dem Reizwort folgt. Der Zeitraum zwischen dem Vorlesen des Wortes und der Antwort sollte möglichst kurz sein. Langes Nachdenken verwischt das Ergebnis.

Haben Sie noch keine Übung im Umgang mit einer solchen Testliste, dann empfehle ich Ihnen, die Antworten erst einmal hinzuschreiben und erst später zu überlegen, welcher Wahrnehmungsebene sie zuzuordnen sind. Wählen Sie als Reizwort zum Beispiel das Wort Rose, so ist natürlich eine Vielfalt von Antworten möglich: rot, sticht, Vase, riecht, Liebe, ... Es kann auch passieren, dass die „Antwort" gesungen wird, also der Ausschnitt eines Liedes oder eines Werbeslogans ist.

Bei der Zuordnung zu den einzelnen Spalten würden – beim Beispiel Rose – die Antworten „rot" und „Vase" eine Eintragung in die Rubrik „visuell" verlangen, während „sticht" und „riecht" der Spalte „kinästhetisch" zugeordnet werden. Auch das Wort „Liebe" würde ich als dem kinästhetischen Bereich zugehörig empfinden. Die Antwort mit einem Lied oder einem Geräusch wird der Rubrik „auditiv" zugeordnet. Zuletzt überprüfen Sie, in welcher Rubrik Sie die meisten Zeichen gemacht haben. Auf diesem Weg ist es Ihnen möglich einen Hinweis über die bevorzugte Wahrnehmungsebene des Kindes zu erhalten.

In den meisten Fällen wird in **einer** Rubrik eine Anhäufung von Zeichen festzustellen sein. Die Liste gibt damit Aufschluss über die dominante Wahrnehmungsebene. Finden sich in den anderen Spalten fast keine Zeichen, dann spricht dieses Ergebnis für eine ziemlich massive Fixierung auf nur eine Ebene des Wahrnehmens. Das heißt modellhaft gesprochen: **Eine Frequenz** wird sehr gut empfangen, die anderen können fast gar nicht aufgenommen werden. Gerade für diese Kinder ist es sehr wichtig, dass bei Erklärungen ihre individuelle Wahrnehmungsebene berücksichtigt wird, damit sie Bedeutungsinhalte gut verstehen können.

Manchmal ist beim Auswerten der Reizwortliste auch eine Verteilung der Zeichen auf **zwei Spalten** zu beobachten: **Zwei** gut ausgebildete Kanäle des Wahrnehmens stehen zur Verfügung. Meistens kommt es jedoch auch in diesen Fällen zur Bevorzugung eines Kanals.

Reizwortliste Ermittlung der Wahrnehmungsebene

	visuell	auditiv	kinästhetisch		
	ich sehe	höre	fühle	rieche	schmecke
Cola					
Meer					
Rose					
Baum					
Schnee					
Berg					
Gabel					
Stoff					
Korb					
Maus					
Geschäft					
Freiheit					
Eis					
Computer					

Sehr oft werden Sie in der Spalte „auditiv“ die geringste Anzahl von Markierungen registrieren. Dieser Kanal steht den wenigsten Kindern gut entwickelt zur Verfügung.

Und **wie** wird der Unterrichtsstoff in den meisten Fällen erklärt? Über den auditiven Kanal! Doch gerade dieser Kanal steht den meisten Menschen kaum zur Verfügung.

Leider muss ich bei meinen Forschungen immer wieder feststellen, dass auch im pädagogischen Bereich auf die bevorzugten Wahrnehmungsebenen der Kinder nicht immer bewusst Rücksicht genommen wird. Der Lehrer gibt sein Bestes und erklärt den Lösungsvorgang zum wiederholten Mal – **verbal**. Das Kind versucht genauso bemüht diese Worte aufzunehmen und zu verstehen. Das Ergebnis dieser Bemühungen ist oft sehr kläglich. Auf beiden Seiten stellt sich Frustration ein und das Gefühl von Unfähigkeit beginnt zu schwelen. Der Lehrer sagt: „Wie soll ich es denn noch erklären, damit du es endlich verstehst?“ und er denkt dabei an einen weiteren **verbalen** Versuch. Das Kind hört angestrengt zu, kann sich unter dem Gehörten jedoch nichts vorstellen, wenn es auf der auditiven Ebene keinen guten „Empfang“ hat. Das „Ansprechen“ einer anderen Wahrnehmungsebene beim Erklären wirkt in diesen Fällen wahre Wunder.

Manchmal versuchen Menschen, deren dominante Wahrnehmungsebene bei verbalen Erklärungen nicht angesprochen wird, sich selbst zu helfen, indem sie Übertragungen auf ihre dominante Wahrnehmungsebene vollziehen. Beobachten Sie einmal Leute, denen ein Weg beschrieben wird: „Zuerst nach rechts, dann geradeaus bis zur Ampel, dann nach links bis ...“ Einige versuchen durch Anzeigen der Richtungen mit ihren Händen das Gehörte in die visuelle Ebene zu übertragen, oder sie bitten um schriftliche Aufzeichnungen. Andere vollziehen sogar mit ihrem ganzen Körper die verschiedenen Richtungsanweisungen. Sie drehen sich nach rechts, bleiben stehen, drehen sich nach links ... usw. Sie dokumentieren damit ihre dominante kinästhetische Wahrnehmungsebene.

Für den mathematischen Bereich verfügen die Kinder selbst in den seltensten Fällen über solche Übertragungsformen. Dem kreativen Lehrer hingegen fallen bestimmt viele Varianten dazu ein, wenn er sich mit dieser Problematik bewusst auseinander setzt. (Vgl. das Beispiel vom „Umfangen“ eines Rechtecks mit einer Schnur, zum Berechnen des Umfangs, Seite 20) Viel Zeit und viel Frustration können sich Lehrer, Eltern und Schüler durch die Berücksichtigung der bevorzugten Wahrnehmungsebene ersparen.

Die Funktion von Übungsblättern

Hat der Schüler den mathematischen Begriff oder den Rechenvorgang erst einmal verstanden, dann ist es wichtig dieses Wissen sicherzustellen. Und dafür gibt es keinen anderen Weg als das direkte Üben an **konkreten Beispielen**. Viele Wiederholungen und die Möglichkeiten das neuerworbene Wissen auch auf ähnliche Beispiele zu transferieren sind Grundlage für die Festigung jedes neu gelernten Stoffes. Mit **abwechslungsreich gestalteten Übungsblättern** können die einzelnen Rechenaufgaben in verschiedenen Variationen geübt werden. Zusammenstellungen solcher Übungsblätter gibt es im Fachhandel zu allen Themenbereichen. (Bezugsquellen: siehe Anhang) Durch die unterschiedliche Gestaltung der einzelnen Blätter bleibt die Funktionslust der Kinder erhalten und selbst häufige Wiederholungen stellen kein Problem dar. Viele der Übungsblätter sind für eine Selbstkontrolle konzipiert und fördern so zusätzlich die Eigenständigkeit und Selbstverantwortung der Schüler.

Als Demonstrationsbeispiel habe ich ein **Übungsblatt zum Themenbereich Multiplikation** ausgewählt. Kopieren Sie sich die Abbildung auf der nächsten Seite. Zerschneiden Sie die Kopie in zwanzig Einzelteile (= 20 Puzzleteile aus einer Häuserzeile) und schon kann es losgehen. Zwanzig Multiplikationsaufgaben mit Dezimalzahlen sind vorgegeben. Die Lösungen stehen auf den jeweils nachfolgenden (passenden) Puzzleteilen. Das Kind soll jede Aufgabe aber zunächst schriftlich ausrechnen und dann das Kärtchen mit dieser Lösung suchen und anlegen. Wenn die Häuser richtig zusammenpassen, ist das die Bestätigung und Belohnung für richtiges Rechnen. Ist das errechnete Ergebnis falsch, findet man keinen passenden Fortsetzungsstreifen – die Rechnung muss wiederholt werden. Nach dem richtigen Auflegen aller Teile können sie aufgeklebt und farbig ausgemalt werden.

Neben diesen Kopiervorlagen bieten Buchhandlungen mit pädagogischem Schwerpunkt auch LÜK-Material zu den einzelnen Themenkreisen an. (LÜK = Lerne – übe – kontrolliere) Es besteht aus einem Setzkasten mit Blättchen und Begleitheften. Die Begleithefte beinhalten seitenweise Rechenbeispiele zu den verschiedenen Aufgabenbereichen. Die Blättchen werden, der jeweiligen Lösung entsprechend, auf die Lösungsfelder des Setzkastens aufgelegt. Sind alle Lösungen richtig, ergibt die Betrachtung der Rückseite aller aufgelegten (und nach dem Lösen der Aufgaben umgedrehten) Blättchen ein geometrisches Muster.

Ü

Der Rechen-Architekt:

Seite Kopieren, Kärtchen ausschneiden und durcheinandergemischt auflegen. Welche Rechnungen stimmen mit welchen Ergebnissen überein? Lässt sich die Häuserzeile unendlich weiterbauen?

0,78 · 34,7	= 2,943
= 27,066	25,8 · 1,33
3,65 · 0,55	= 34,314
= 2,0075	81,6 · 0,02
0,3 · 301,8	= 1,632
= 90,54	1,03 · 1,04
5,09 · 4,7	= 1,0712
= 23,923	8,67 · 2,5

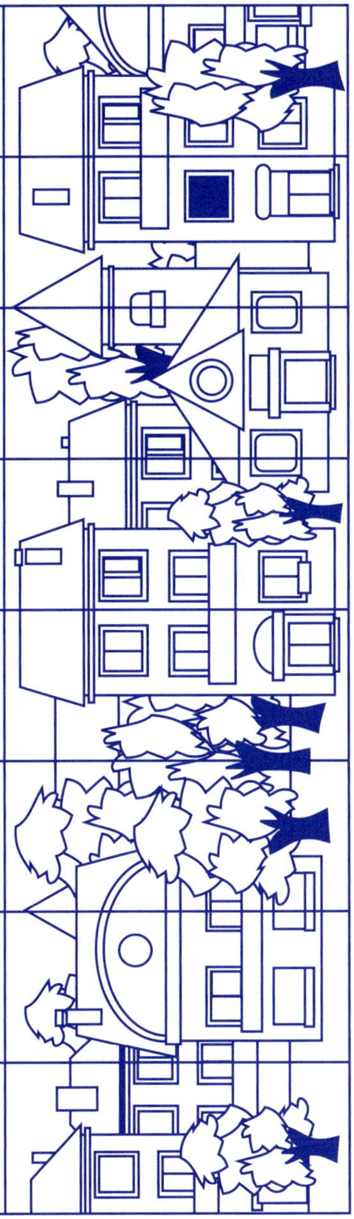

15,1 · 16,1	= 21,675
= 243,11	1,44 · 1,88
6,88 · 8,32	= 2,7072
= 57,2416	3,6 · 0,84
49,3 · 0,31	= 3,024
= 15,283	0,11 · 0,11
0,03 · 33.5	= 0,0121
= 1,005	98,1 · 0,03

6 Wie Förderprogramme zum **Lernerfolg** führen

Spezifische **Bewegungsübungen** zum Aktivieren unentwickelter Voraussetzungen, darauf abgestimmte **Arbeitsblätter** und themenorientierte **Übungsblätter** sind die Elemente der in diesem Buch vorgestellten Förderprogramme. In ihrer Summe ermöglichen sie ein Arbeiten sowohl an den Rechenschwächen selbst als auch an deren Ursachen. Und es ist das Einbeziehen beider Ebenen, das den großen Erfolg der Programme ausmacht.

Bisher neigte man oft dazu, bei der Arbeit an Lernproblemen eine dieser Ebenen zu vernachlässigen. Der **traditionelle Nachhilfeunterricht** hat sich vorwiegend mit der Behandlung der **konkreten Rechenschwächen** beschäftigt. Um die Ursachen der Lernschwierigkeiten hat man sich weniger gekümmert. Mit Erklärungen und vielen Wiederholungen hat man auf der Symptomebene versucht die Rechenschwierigkeiten zu beheben. Dabei wurde meiner Erfahrung nach sehr wenig auf die bevorzugte Wahrnehmungsebene des Kindes Rücksicht genommen. Verbale Erklärungen standen im Vordergrund, doch gerade diese Wahrnehmungsebene ist bei allen Schülern am wenigsten verfügbar.

Natürlich kann durch häufiges Üben eine gewisse Mechanisierung erzielt werden. Die Fähigkeit eine Aufgabe zu lösen bezieht sich dann nur auf gleiche Aufgabenstellungen mit anderen Zahlen, doch kaum wird die Aufgabe etwas anders formuliert, steht der Schüler erneut vor Problemen. Aber auch das **ausschließliche Bearbeiten der Ursachen** bringt nicht den vollen Erfolg. Viele kinesiologische Praxen widmen sich der Auflösung von Lernblockaden und leisten diesbezüglich auch ganz hervorragende Arbeit. Doch selbst wenn die Voraussetzungen zum Lernen beim Kind allgemein sehr gut zur Verfügung stehen, so ist dies noch keine Erfolgsgarantie: Sie müssen auch für die spezielle Aufgabe einsetzbar sein.

ohne Förderung

Förderung, aber nur der Symptomebene

Förderung, aber nur der Ursachenebene

Förderung durch Zugriff auf beide Ebenen

Förderprogramme zum Kennenlernen

Ich möchte Ihnen nun Gelegenheit bieten in die verschiedenen Themenbereiche unserer Förderprogramme hineinzuschnuppern und das eine oder andere gleich selbst mit ihren Kindern auszuprobieren. Ich werde Ihnen Teile der Förderprogramme für die folgenden Fähigkeiten vorstellen:

- Aktivieren der beiden Gehirnhälften
- Integration der beiden Gehirnhälften
- Aktivierung der Hand-Augen-Koordination
- Visueller Bereich
- Selektive Aufmerksamkeit
- Umgehen mit abstrakten Symbolen

Warum ich bei der Auswahl gerade diese Förderprogramme berücksichtigt habe, möchte ich kurz erklären:

Effizientes Lernen ist nur möglich, wenn der Zugriff auf beide Gehirnhälften jederzeit verfügbar ist. Unter Stress neigen Schüler dazu die weniger verwendete Hemisphäre abzuschalten. Das Programm zur **Aktivierung beider Gehirnhälften** stimuliert dominante und nichtdominante Hemisphäre und öffnet dem Schüler sein volles Potential. Das ist eine sehr wichtige Voraussetzung für alle Bereiche des Lernens.

Sind die Spezialisierungen beider Hemisphären verfügbar, so ist für einen ganzheitlichen Lernprozess ihre **Zusammenarbeit** erforderlich. Das Förderprogramm zur **Integration der Hemisphären** berücksichtigt diesen Aspekt.

Mit Hilfe der **selektiven Aufmerksamkeit** können wir Objekte aus ihrer Umgebung herausgreifen. Zuerst muss die selektive Aufmerksamkeit jedoch körperlich erfahren werden, bevor sie kognitiv erfasst werden kann. Im Förderprogramm zur Aktivierung der selektiven Aufmerksamkeit finden Sie eine Reihe von Bewegungsübungen dazu.

Die Fähigkeit mit **abstrakten Symbolen** umzugehen ist ganz wesentlich für das Rechnen mit Ziffern und Zeichen. Ständig müssen abstrakte Zeichen in Bedeutungsinhalte umgesetzt und nach Denkprozessen wieder verschlüsselt werden. Aus diesem Grund stelle ich Ihnen auch Ausschnitte aus dem diesbezüglichen Förderprogramm vor.

Zu jedem Bereich finden Sie im im zweiten Teil des Buchs eine **Einleitung,** in der ich Einblicke in das physiologische, psychologische und pädagogische Fachwissen über die jeweilige Fähigkeit gebe, gefolgt von einem **Testblatt.** Es soll Aufschluss über die Verfügbarkeit des betreffenden Teilleistungsbereiches geben.

Im Anschluss daran werden die einzelnen Fördermöglichkeiten vorgestellt. Zuerst die **Bewegungsübungen** mit leichten und schwierigeren Übungsfolgen, die alleine, mit einem Partner oder in Gruppen ausführbar sind. Für die Bewegungsübungen finden Sie viele Anregungen, wie Sie die Kinder zum Üben animieren können. So finden Sie zum Beispiel Vorlagen zum Herstellen eines Puzzles.

Die Vorlage für das Puzzle präsentiert sich in der Form, dass sie von den Kindern selbst kreativ gestaltet werden kann. Je mehr sich die Kinder mit den einzelnen Übungsformen beschäftigen, desto mehr Beziehung bekommen sie zu den Aufgaben und desto lieber beschäftigen sie sich damit.

Auf die Bewegungsübungen folgen die **Arbeitsblätter,** die als Kopiervorlagen gestaltet sind und aus dem Programm unserer KLIPP & KLAR-LERNSTUDIOs stammen. Sie können durch Arbeitsblätter aus anderen Quellen ergänzt werden, die die gleiche zu fördernde Fähigkeit ansprechen. (Quellenangaben zu solchen Fördermaterialien finden Sie im Anhang.)

Den Abschluss bilden jeweils einige **Übungsblätter** zu konkreten Rechenaufgaben. Nach dieser Vorlage können Wiederholungsblätter zu jedem Rechenbereich selbst gestaltet werden.

Der Aufbau der Förderprogramme in Kurzform

- Einleitung: Fachwissen
- Testblatt
- Bewegungsübungen mit Animationsvorschlägen
- Arbeitsblätter
- Anregungen zur Gestaltung von Übungsblättern

Wie mit den Förderprogrammen gearbeitet wird

■ Eins nach dem anderen

Es besteht zunächst die Möglichkeit ein Programm nach dem anderen mit den Kindern durchzuarbeiten. Da die Ausschnitte der Förderprogramme nach Prioritäten gereiht sind, werden auf diese Art von Grund auf viele Voraussetzungen, die für das Lösen mathematischer Aufgaben wichtig sind, aktiviert.

Der für die einzelnen Programme benötigte Zeitaufwand richtet sich nach dem Ausmaß des jeweiligen Defizits. Es hat sich in der Praxis gezeigt, dass in jedem Fall eine zwei- bis dreiwöchige intensive Arbeit sinnvoll ist. Lässt man den Schüler das Testblatt **vor** und **nach** der Aktivierung der jeweiligen Teilleistungsbereiches ausfüllen, so ist eine Verbesserung der Leistung klar erkennbar.

■ In Hinblick auf vorhandene Defizite

Eine andere Möglichkeit, mit Förderprogrammen zu arbeiten, ist die, mit Hilfe der Testblätter zu überprüfen, welche Voraussetzungen dem Schüler nicht zur Verfügung stehen. Sind mit Hilfe der Testblätter die Defizite festgestellt, müssen sie nach Priorität gereiht werden. Sofern sich beim individuellen Test keine eindeutig davon abweichende Priorität ergibt, empfehle ich diese Reihenfolge (auch bei prophylaktischer Arbeit, vgl. nächster Absatz):

1. Aktivierung der beiden Gehirnhälften
2. Integration der Hemisphären
3. Selektive Aufmerksamkeit
4. Visueller Bereich
5. Aktivierung der Hand-Augen-Koordination
6. Umgehen mit abstrakten Symbolen

In der durch die Prioritätenliste bestimmten Reihenfolge wird nun jeder Bereich einzeln behandelt. Der dafür benötigte Zeitaufwand richtet sich nach dem Ausmaß des Defizits.

■ Prophylaktisch

Natürlich besteht auch die Möglichkeit einzelne Förderprogramme herauszugreifen oder sie insgesamt prophylaktisch einzusetzen. Die damit geübten Fähigkeiten können nie zuviel trainiert werden. Je besser sie zur Verfügung stehen, desto bessere Bedingungen hat das Kind bei jedem Lernprozess.

Zweiter Teil

Förderprogramme

Inhalt

1 **Aktivieren** der beiden Gehirnhälften

Für effizientes Lernen müssen die **Leitfunktionen beider Hemisphären** zur Verfügung stehen. Das Erkennen von Details – der analytischen Gehirnhälfte zugeordnet – muss genauso verfügbar sein wie das Erfassen von Zusammenhängen, das der intuitiven Gehirnhälfte zugeordnet wird. Dafür gilt es beide Gehirnhälften im ausreichenden Maß zu stimulieren. Bewegungsübungen und spezifische Arbeitsblätter eignen sich dazu sehr gut.

Die für Steuerung und Kontrolle der Motorik (des Bewegungsapparates) zuständigen Nervenbahnen und die sensorischen (für Wahrnehmungen zuständigen) Nervenbahnen überkreuzen sich im Balken (Corpus callosum, die Verbindung zwischen linker und rechter Hemisphäre): Die linke Gehirnhälfte kontrolliert – gemäß einem verbreiteten wissenschaftlichen Erklärungsmodell – größtenteils die rechte Körperseite, und die rechte Gehirnhälfte ist für die linke Seite zuständig.

Dabei ist es nicht nur so, dass die **linke** Gehirnhälfte die Bewegungen der **rechten** Körperseite steuert, sondern es gilt auch umgekehrt: **Bewegungen**, die auf der **rechten** Körperseite ausgeführt werden, haben **stimulierende Wirkung** auf die **linke** Hemisphäre, während die Betätigung der linken Körperseite die **rechte** Gehirnhälfte aktiviert.

Neben diesen sensomotorischen Spezialisierungen weisen die beiden Hemisphären noch weitere auf, die sich als spezifische Fähigkeiten zeigen. Diese Zuordnungen sind in wissenschaftlichen Kreisen zwar umstritten, da sie die Funktionen des Gehirns in sehr vereinfachter und verallgemeinernder Form darstellen. Als modellhafte Darstellung werden die Zuordnungen jedoch akzeptiert.

In diesem Modell wird die eine Gehirnhälfte – bei den meisten Menschen handelt es sich dabei um die linke – als die **analytische** und **logische** bezeichnet. Ihre Arbeitsweise ist zergliedernd, Schritt für Schritt, zeitorientiert, bewertend und verbal. Das Erkennen von Details wird der analytischen Hemisphäre genauso zugeschrieben wie die Informationsverarbeitung **vom Teil zum Ganzen**, vom Speziellen zum Komplexen.

Dagegen funktioniert – modellhaft beschrieben – die rechte Gehirnhälfte **ganzheitlich** und **bildhaft**. Ihr werden automatisierte und intuitive Bewegungen zugeordnet sowie das Langzeitgedächtnis. Die Informationsverarbeitung mit der rechten Hemisphäre erfolgt **vom Ganzen ausgehend zum Detail**, vom Komplexen zum Speziellen.

Auch wird der rechten Hemisphäre die Hauptverantwortung für die visuelle Wahrnehmung zugesprochen. Diese Behauptung hat am Ende des 19. Jahrhunderts bereits der britische Neurologe **Hughlin Jackson** aufgestellt, der bei einem Patienten mit einem Tumor in der intuitiven Hemisphäre Ausfälle in bestimmten Bereichen der visuellen Wahrnehmung beobachten konnte.

Setzen Kinder während des Lernprozesses vorwiegend nur **eine** Gehirnhälfte ein, so muss es zu Lernschwierigkeiten kommen, da die speziellen Fähigkeiten der anderen Hemisphäre fehlen.

Auf Mathematik bezogen haben Schüler, die vorwiegend mit der **linken Hemisphäre** arbeiten, mit abstrakten Ziffern und Zeichen an sich keine Probleme. Sie können drei gezeichnete grüne Kreise jederzeit als Äpfel akzeptieren und auch entsprechende Symbole zuordnen. Das Anordnen dieser Symbole kann ihnen hingegen schon Probleme bereiten, wenn das Raum-Lage-Bewusstsein, als Spezialisierung der rechten Hemisphäre, nicht zur Verfügung steht.

Kinder mit dieser Dominanz der analytischen Hemisphäre können einzelne Rechenschritte sehr gut ausführen, zeigen aber Probleme, wenn Zusammenhänge hergestellt werden müssen. Beim Lösen von Sachaufgaben führen sie die einzelnen Rechenschritte (wie Multiplizieren oder Dividieren) fehlerfrei aus, wissen jedoch oft nicht, ob multipliziert oder dividiert werden muss, da sie den Zusammenhang nicht verstehen.

Mit der analytischen Hemisphäre ist die Bewegungsrichtung **im Uhrzeigersinn** assoziiert. Hemmen Blockaden den Zugriff auf diese Gehirnhälfte, so ist auch das Ziehen von Schriftzeichen in dieser Bewegungsrichtung beeinträchtigt. Beim Ziehen von

Girlanden oder beim schnellen Zeichnen von Kreisen im Uhrzeigersinn werden Beeinträchtigungen sichtbar.

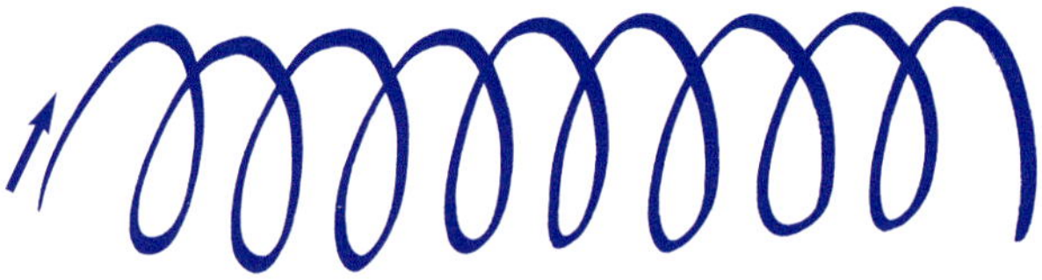

Arbeitet ein Kind hingegen vorwiegend mit der **intuitiven Hemisphäre,** so zeigen sich häufig Probleme im Umgang mit (abstrakten) Ziffern und Zeichen. Auch wird einzelnen Details nicht so große Beachtung geschenkt. Daraus ergibt sich, dass Zahlen sehr leicht falsch abgeschrieben oder in einer Zahlenreihe einfach übersehen werden.

Dafür erfassen diese Schüler gut Zusammenhänge, auch wenn dann leider oft bei den einzelnen Rechenschritten Fehler passieren. Sie haben ein gutes räumliches Vorstellungsvermögen – eine solide Basis für geometrische Aufgaben. Für das Erreichen guter Noten fehlt ihnen bei der Ausführung dieser geometrischen Aufgaben oft die notwendige Genauigkeit.

Bezüglich der Bewegungsrichtungen wird die Bewegung gegen den Uhrzeigersinn der intuitiven Hemisphäre zugeordnet.

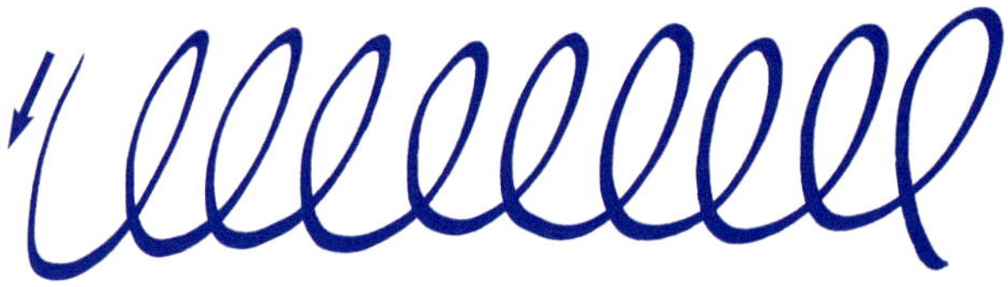

Steht eine der beiden Bewegungsrichtungen nicht frei zur Verfügung, so ist das teilweise an der Schreibweise von Ziffern erkennbar: Sie werden in oft obskuren Schriftzügen gemäß der frei verfügbaren Bewegungsrichtung gezogen.

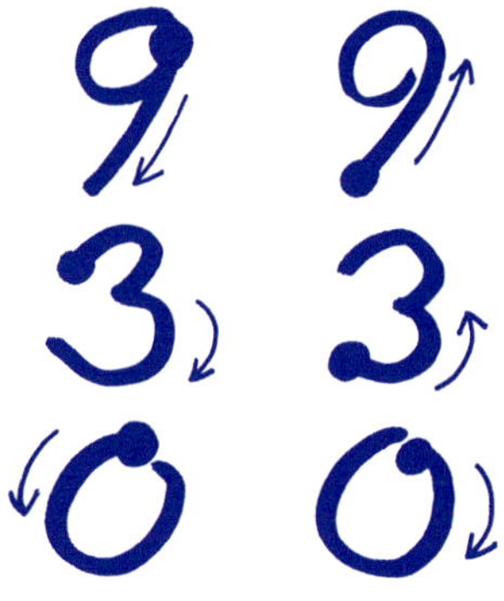

Eine unregelmäßige, durch Blockierung einer Gehirnhälfte bedingte Schreibweise kann – als solche betrachtet – zunächst noch als individuelle Eigenart des betreffenden Schülers toleriert werden. Wenn es im Rechenunterricht allerdings um das Erreichen bestimmter Leistungen geht, so müssen alle Spezialfähigkeiten beider Gehirnhälften frei verfügbar sein.

Durch Bewegungsübungen wird diejenige Region der Gehirnrinde stimuliert, die unseren Bewegungsapparat (Motorik) steuert. Die Gehirnstrukturen, in denen Denken und Gefühle angesiedelt werden, sind dieser motorischen Region der Gehirnrinde sehr nah. Da im Gehirn Impulse dazu neigen sich auszubreiten und auf benachbarte Gewebebereiche überzugreifen, hat eine Veränderung in der motorischen Region auch Wirkungen auf Denken und Fühlen. Im täglichen Leben zeigt sich bei jedem von uns eine starke Bevorzugung **einer** Körperseite. Selbst einfache Handgriffe werden mit der dominanten Hand ausgeführt und auf diese Weise wird die Stimulierung **einer** Gehirnhälfte sehr vernachlässigt.

Die Bewegungsübungen schaffen Abhilfe!

Sie sind darauf ausgerichtet, sowohl die rechte als auch die linke Körperseite zu stimulieren. Sicher ist es für viele zu Beginn sehr ungewohnt mit der linken Hand zu agieren. Aber die anfängliche Ungeschicklichkeit verliert sich bei Fortführen der Übungen überraschend schnell. Man merkt förmlich, wie sich die linke Körperseite einschaltet.

Die **Arbeitsblätter** haben die Aufgabe, ganz spezifische Spezialisierungen der Gehirnhälften zu aktivieren. Mit dem Erkennen von Details, dem schrittweisen Vergleichen ähnlicher Abbildungen und dem Ziehen logischer Schlüsse sind Spezialisierungen der analytischen Gehirnhälfte angesprochen. Stehen sie dem Kind gut zur Verfügung, wird es Arbeitsblätter dieser Art sehr gerne ausfüllen. Rechtshemisphärendominante Menschen hingegen können diesen Aufgaben gegenüber eine wahre Abneigung entwickeln. Das Ausfüllen der Blätter versetzt sie in eine arge Stresssituaion.

Damit das Bearbeiten der Blätter wirklich einen fördernden Charakter hat, muss ihr Einsatz sehr gut dosiert werden und es sollte dabei auf eine gewissenhafte Arbeitsweise geachtet werden.

Mit Hilfe der folgenden Arbeitsblätter lernt das Kind allgemein auf Einzelheiten zu achten. Diese Fähigkeit ist beim Lösen mathematischer Aufgaben sehr wertvoll. Viele Abschreibfehler, das Eintragen falscher Benennungen und das Übersehen von Zahlen können damit vermieden werden.

Arbeitsblätter, die das Erkennen von Einheiten, das Abrufen bildhafter Vorstellungen und räumliches Vorstellungsvermögen verlangen, sind Anforderungen an die intuitive Hemisphäre. Alleine das Erfassen ganzer Gefüge stellt eine wesentliche Voraussetzung für viele Bereiche der Mathematik dar. Der Zahlenraum besteht aus verschiedenen Einheiten. Diese Einheiten erkennen zu können schafft überhaupt erst die Möglichkeit sie zu überschreiten. Die Schwierigkeiten bei der Zehnerüberschreitung sind in diesem Zusammenhang zu sehen.

Durch die unterschiedliche Gestaltung der Arbeitsblätter wird das gesamte Potential des Kindes geweckt und steht für alle Lernbereiche zur Verfügung.

Auch bei den zu diesem Bereich vorgestellten **Übungsblättern** geht es um das Erkennen von Einheiten und Zusammenhängen. Das Rechnen mit anderen Einheiten als dem gewohnten Dezimalsystem stellt für viele Schüler ein gewisses Problem dar. Aus diesem Grund habe ich die Arbeitsblätter für das Stabilisieren der Zeiteinheiten ausgewählt.

TESTBLATT
Name:
Bemerkung:

Überprüfen Sie die Verfügbarkeit der beiden Hemisphären (ausfüllen lassen)

Vervollständige die Reihe:

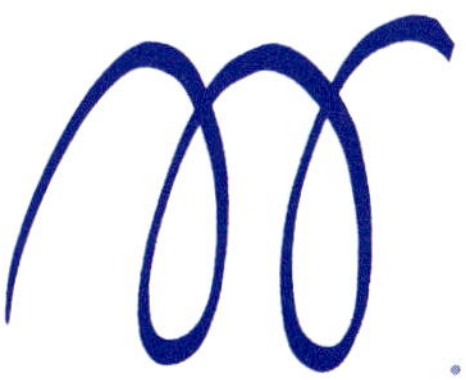

Bewegungsübungen

1 Ballonjongleur ●

Halte zwei verschiedenfarbige Luftballons durch abwechselndes Antippen mit einer Hand in der Luft, sodass sie nie den Boden berühren. Tippe sie zuerst nur mit der rechten Hand an, dann nur mit der linken.

V 1: Beim nächsten Durchgang verwendest du nur das rechte Bein zum Antippen, dann nur das linke.

V 2: Dann abwechselnd Hand und Fuß, zuerst nur rechts, dann nur links.

2 Fußmalerei ●

Lege ein Zeichenblatt auf den Boden. Setze dich mit dem Sessel davor und klemme einen Filzstift zwischen Großzehe und danebenliegender Zehe ein. Nun versuche auf diese Art Zahlen und Buchstaben zu schreiben bzw. zu zeichnen. Verwende zuerst nur den rechten Fuß, dann nur den linken.

Die Erklärung der Abkürzungen und Symbole findest du auf Seite 43!

3 Tücherwurf ●●

Dein Partner wirft dir ein Stofftuch zu. Du versuchst das Tuch mit dem linken Fuß aufzufangen. Dann schleuderst du es mit dem Fuß hoch und fängst es mit der linken Hand. Mit dieser wirfst du das Tuch wieder zu deinem Partner zurück.

V 1: Beim nächsten Zuwerfen versuchst du mit dem rechten Fuß und der rechten Hand vorzugehen.

V 2: Beim dritten Durchgang mit dem rechten Fuß und der linken Hand.

V 3: Beim vierten Durchgang mit dem linken Fuß und der rechten Hand.

S 1: Versuche auf der Handfläche der freien Hand, die zum Tücherwurf nicht benötigt wird, einen Ball zu balancieren.

S 1: Versuche mit der freien Hand einen Ball zu dribbeln.

4 Dribbelkicks ●●

Du stehst deinem Partner gegenüber: Ihr kickt euch mit dem linken Fuß einen Ball zu, stoppt diesen durch Daraufsteigen ab und kickt ihn wieder zurück, immer hin und her. Gleichzeitig dribbelt jeder von euch mit der linken Hand einen weiteren Ball – ohne Unterbrechung.

V 1: Das Ganze soll natürlich auch mit rechtem Fuß und rechter Hand geübt werden.

S 1: Ihr steht euch gegenüber und prellt euch einen Ball mit der rechten Hand zu. Gleichzeitig wird wieder mit dem rechten Fuß der Ball am Boden hin- und hergekickt.

V 2: Dasselbe wiederholt mit linker Hand und linkem Fuß.

S 2: Prellt den einen Ball mit der rechten Hand und kickt den anderen Ball mit eurem linken Fuß.

V 3: Auch hier wird im Anschluss gewechselt – linke Hand, rechter Fuß.

5 Fußjongleur

Dein Partner wirft dir ein Stofftuch zu. Du versuchst das Tuch zu fangen, indem du es zwischen rechter Hand und rechtem Fuß einklemmst.

V 1: Beim nächsten Wurf fängst du mit linker Hand und linkem Fuß.

V 2: Beim dritten Zuwurf fängst du mit rechter Hand und linkem Fuß.

V 3: Beim vierten Zuwurf: mit linker Hand und rechtem Fuß.

S 1: Ihr werft euch einen Ball zu, den ihr durch Einklemmen zwischen rechter Hand und linkem Oberschenkel auffangt.

V 4: Danach fangt ihr ihn mit linker Hand und rechtem Oberschenkel.

S 2: Dein Partner nennt erst während des Wurfes die Hand oder das Bein, welches beim Fangen beteiligt sein soll. Du musst schnell reagieren und die jeweils zugehörige andere Gliedmaße richtig ins Fangen einbeziehen.

6 Ballonakrobat

Halte einen Luftballon durch Antippen mit folgenden Körperteilen der rechten Seite in der Luft: Faust – Ellenbogen – Oberschenkel – Fuß.

V 1: Berühre den Luftballon genau in der angegebenen Reihenfolge, bis du fünf Durchgänge geschafft hast.

V 2: Führe die nächsten fünf Durchgänge in umgekehrter Reihenfolge aus, beginnend mit dem rechten Fuß.

V 3: Dann gehst du in der Reihenfolge der Berührungen von oben nach unten und gleich wieder zurück von unten nach oben.

V 4: Führe alle drei Übungen auch mit den Körperteilen der linken Seite aus.

7 Schweifwörter ●

Nimm das Ende eines etwas größeren Stofftuches (oder eines Schals) in die rechte Hand. Schreibe nun mit sehr großen Handbewegungen das Alphabet in Großbuchstaben vor dir in die Luft.

V 1: Schreibe das ganze Alphabet zusammenhängend in Schreibschrift, wobei du dich immer weiter drehst, sodass du rund um dich herum fließend schreiben kannst.

V 2: Schreibe ein paar Sätze, die du dir spontan ausdenkst.

V 3: Führe dieselben Übungen auch mit der linken Hand aus.

8 Dribbelkünstler ●

Stell dich hin und dribble einen Ball mit der rechten Hand. Bewege im Rhythmus der Hand auch das rechte Bein auf und ab, sodass du jedesmal, wenn der Ball den Boden berührt, auch mit dem Fuß am Boden auftippst.

V 1: Dann nimm das rechte Bein als Standbein und folge mit dem linken dem Dribbelrhythmus.

V 2: Natürlich kann ein echter Dribbelkünstler das Ganze auch mit der linken Hand.

S 1: Nimm in jede Hand einen Ball. Lass sie beide gleichzeitig fallen und dribble nun in diesem Rhythmus beide Bälle immer auf einer Höhe. Schaffst du es einmal, sie zu überkreuzen, das heißt den rechten Ball in die linke Hand zu spielen und umgekehrt?

S 2: Lass den ersten Ball fallen. Wenn dieser den Boden berührt, kommt der zweite ins Spiel, sodass die beiden nun in einem wechselseitigen Rhythmus gedribbelt werden.

9 Dribbelgang ●

Bewege dich auf folgende Art durch den Raum: Die rechte Hand dribbelt ohne Unterbrechung einen Ball, während gleichzeitig der rechte Fuß einen zweiten Ball durch Darüberstreichen mit der Fußsohle am Boden weiterrollt.

V 1: Gehe zum Gewöhnen ein paar Mal auf diese Weise im Zimmer auf und ab.

V 2: Stelle dir aus drei bis vier Stühlen oder anderen Gegenständen eine Strecke zusammen, durch die du im Slalom hindurchmarschierst.

V 3: Dieselben Übungen sind natürlich auch für die linke Hand und den linken Fuß gedacht.

10 Spiegelschrift ●

Schreibe deinen Namen mit der rechten Hand in Druckbuchstaben auf ein Blatt Papier. Dann beginne ganz rechts am Blattrand und schreibe deinen Namen nun von rechts nach links, wobei du auch jeden einzelnen Buchstaben spiegelverkehrt aufschreibst. Zum Überprüfen, ob du richtig geschrieben hast, nimm einen Spiegel und halte ihn neben das „verkehrte“ Wort, welches du jetzt in Normalschrift lesen kannst.

V 1: Schreibe längere Wörter vom linken Blattrand zur Mitte hin, dann wieder spiegelverkehrt vom rechten Blattrand zur Mitte.

V 2: Schreibe längere Wörter auf dieselbe Art in Schreibschrift.

V 3: Führe alle Übungen auch mit der linken Hand aus.

11 Trommelwirbel ●

Klopfe mit der rechten Hand und stampfe gleichzeitig mit dem rechten Fuß folgende Rhythmen:

V 1: einen 2/4-Takt, wobei die Hand jeden Taktschlag klopft und der Fuß nur jeweils den Einser stampft. Wenn du den Rhythmus gefunden hast, wechsle so, dass der Fuß jeden Taktschlag stampft und die Hand jeweils nur den Einser klopft. Hast du auch in diesen Rhythmus hineingefunden, dann wechsle willkürlich zwischen beiden Rhythmen hin und her.

V 2: einen 3/4-Takt, wie bei V 1.

V 3: einen 4/4-Takt, wie bei V 1.

V 4: Klopfe dann mit der linken Hand und stampfe gleichzeitig mit dem linken Fuß alle Variationen durch.

12 Prellfuß ●

Nimm einen Tennisball in die rechte Hand und prelle ihn mehrmals zu Boden. Dann laß ihn aus der Luft fallen und prelle ihn mit der rechten Fußsohle weiter.

V 1: Prelle nun den Ball abwechselnd dreimal mit der Hand und gleich weiter dreimal mit der Fußsohle, immer abwechselnd, bis du den Rhythmus gut einhalten kannst.

V 2: Prelle den Ball je zweimal mit Hand und Fußsohle, dann steigere auf nur je einmal.

V 3: Gehe dieselben Übungen auch mit linker Hand und linker Fußsohle durch.

Animationspuzzle (auch zum Anmalen)

Puzzle kopieren, ausschneiden und offen auflegen. Bei einem beliebigen Teil wird begonnen. Wenn du ein Teil findest, das zum ersten passt,

machst du die entsprechende Übung. Alle Übungen sind nummeriert. Du findest sie alle im Buch beschrieben. Du kannst auch mit deinem Partner spielen, dann machst du die Übung, die auf dem Puzzleteil beschrieben ist, das dein Partner dazulegt. Auch mehrere Mitspieler sind möglich. Viel Spaß beim Animationspuzzle!

Suche dieses Viereck: 

Wie oft ist es in den unten stehenden Reihen enthalten?

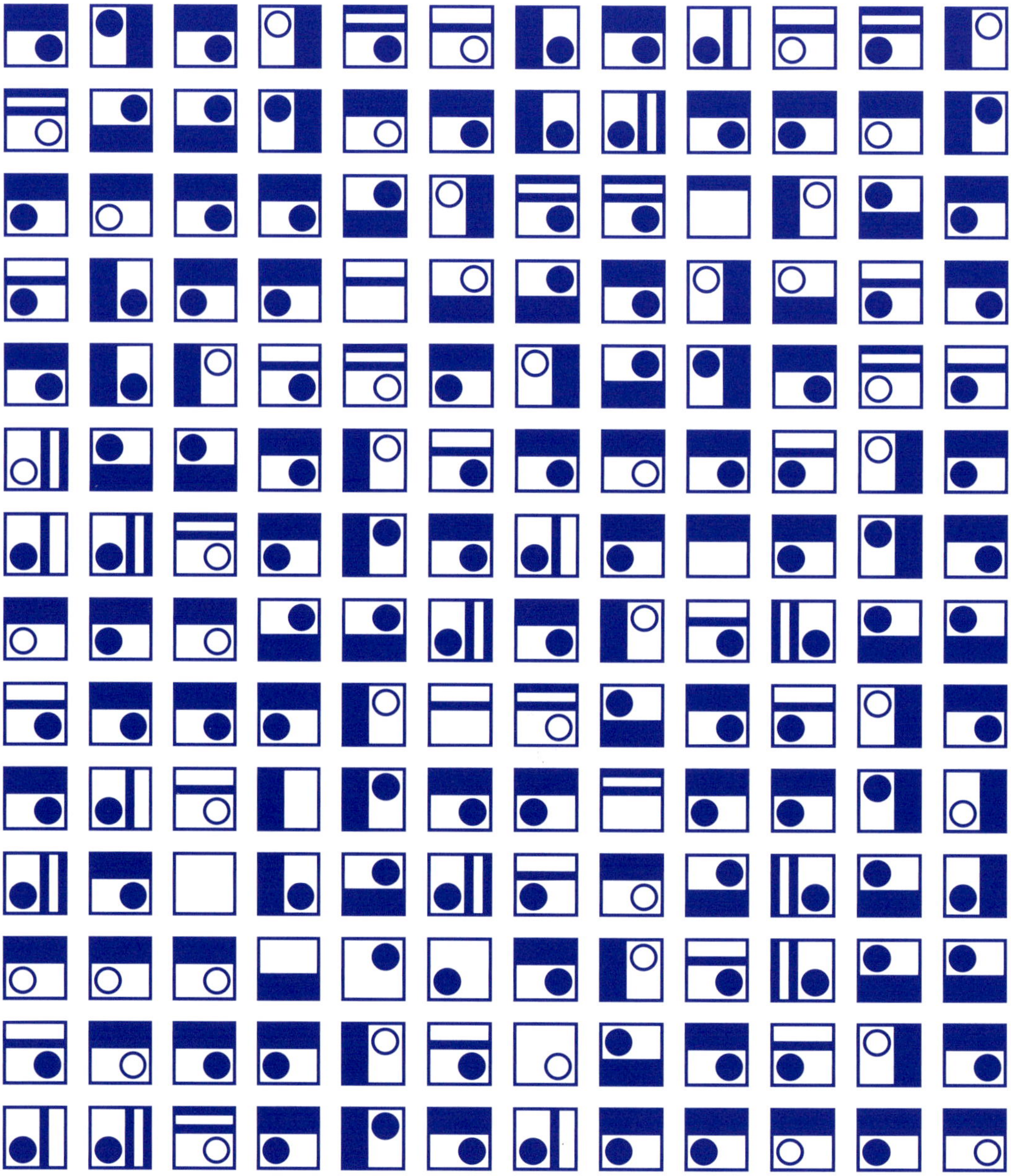

Ein Kakadu hat sich versteckt!

Er sieht ein wenig anders aus als alle anderen.
Findest du ihn? Wenn ja, kannst du ihn anmalen.

Die Vogelschule Elmsleben plant einen Ausflug ...

... und du musst Vierergruppen bilden, um einen besseren Überblick zu bekommen über diese flotte Truppe. Schaffst du es? Kreise jeweils vier Kakadus ein. In einer Gruppe können auch zwei gleiche Kakadus vorkommen.

Die Zahlen haben sich versteckt!

In diesem Buchstabenkasten haben sich waagrecht und senkrecht Zahlen versteckt. Siehst du schon welche?

Trage jede Zahl, die du findest, in einen der Kreise ein. Wenn du alle 14 Zahlen gefunden hast, zähle sie zusammen. Das Ergebnis ist die Lösungszahl!

H	A	S	I	E	B	E	N	C	K
E	F	E	U	S	D	A	C	H	L
N	E	I	N	S	R	D	A	U	A
N	Z	L	D	E	E	O	Z	N	V
E	W	I	E	N	I	R	W	D	I
Z	Ö	A	C	H	T	F	A	E	E
E	L	Z	W	E	I	Ü	N	R	R
H	F	A	L	L	E	N	Z	T	E
N	N	E	U	N	R	F	I	R	L
S	E	C	H	S	I	N	G	E	F

8

LÖSUNG:

Den Kakadu aufwecken …

Welche Stufen muss der Kakadu ganz unten nehmen, wenn er zu dem Kakadu gelangen will, der so gemütlich schläft? Kennst du den Weg? Aber Vorsicht, immer nur **eine** Stufe auf einmal!

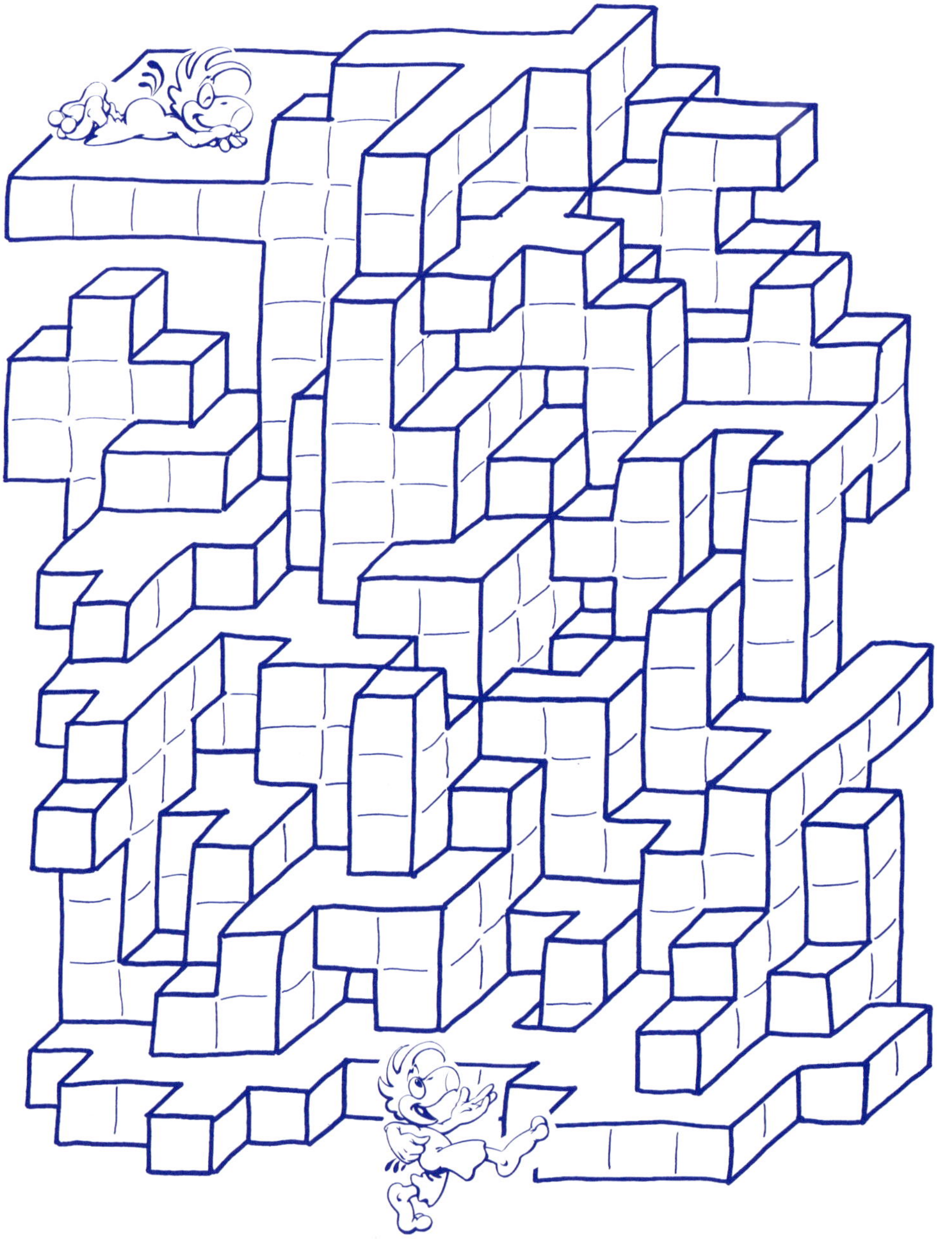

Volltreffer!

Aus dem Fenster sind Scheiben herausgebrochen. Doch eine Scheibe ist zuviel.
Finde sie heraus!

Ü | Verschiedene Maße

Kennst du den Zusammenhang
von Metern und Millimetern, von Minuten und Stunden, von Kilogramm und Gramm oder von Litern und Hektolitern?
Dann brauchst du nur die 16 Quadrate ausschneiden, vermischen und die richtig umgewandelten Einheiten aneinanderzulegen.
Wenn du alles richtig gemacht hast, bekommst du wieder das Bild von den beiden Kakadufreunden.

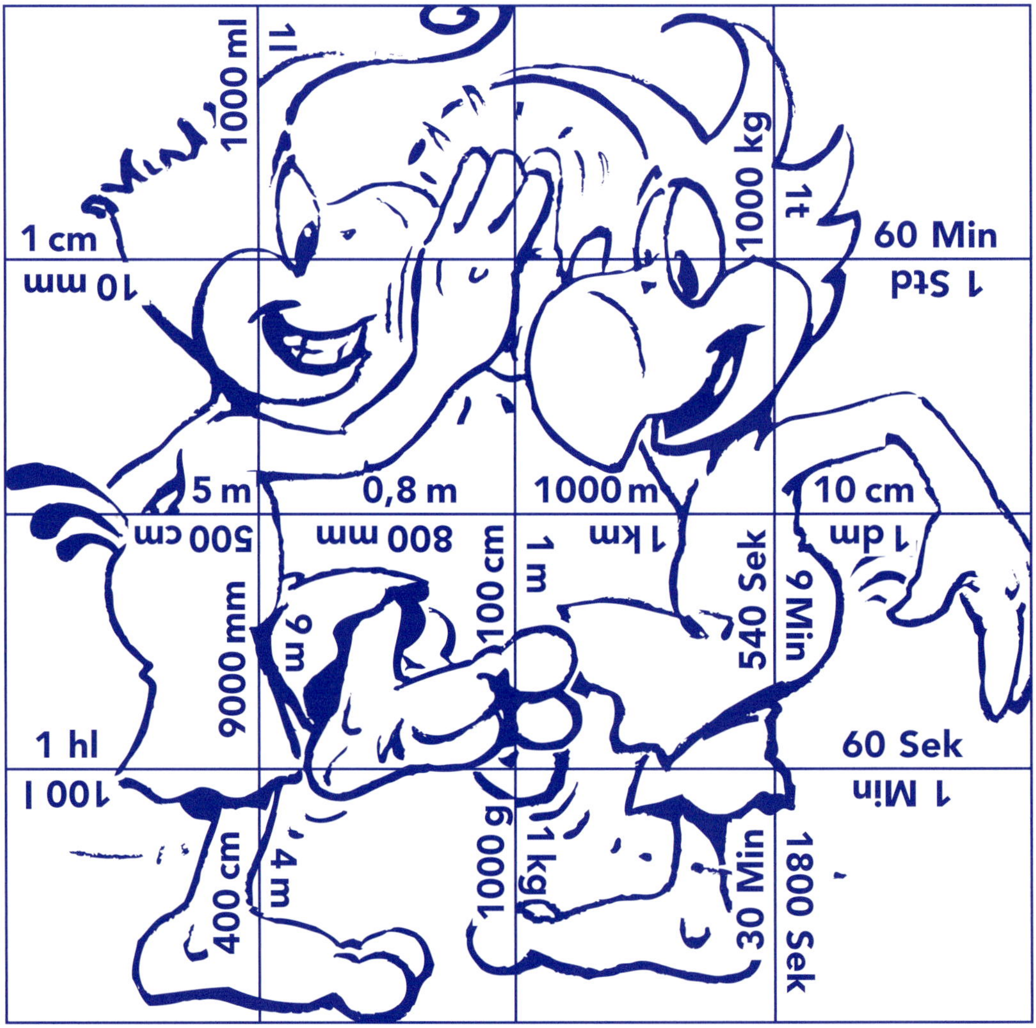

Ü Rechnen mit Zeitmaßen

1 h = 60 min, 1 min = 60 s, das heißt, dass
eine Stunde (h) 60 Minuten (min) und eine Minute (min) 60 Sekunden (s) enthält.
Diese Angaben müssten dir eigentlich für folgende Sache reichen:
Rechne bitte die Sekunden in der ersten Spalte in Minuten und Sekunden um.
Rechne die Minuten in der zweiten Spalte in Stunden und Minuten um.

1.	755 s = 12 min 35 s	13.	449 min = 7 h 29 min
2.	3659 s = ______________	14.	1999 min = ______________
3.	488 s = ______________	15.	7380 min = ______________
4.	6020 s = ______________	16.	122 min = ______________
5.	1000 s = ______________	17.	1440 min = ______________
6.	12345 s = ______________	18.	3030 min = ______________
7.	1380 s = ______________	19.	219 min = ______________
8.	300 s = ______________	20.	99 min = ______________
9.	1638 s = ______________	21.	59 940 min = ______________
10.	5061 s = ______________	22.	5288 min = ______________
11.	292 s = ______________	23.	6000 min = ______________
12.	61 s = ______________	24.	777 min = ______________

Suche die Felder mit den richtigen Lösungen und male sie an. Welche Zahl siehst du?

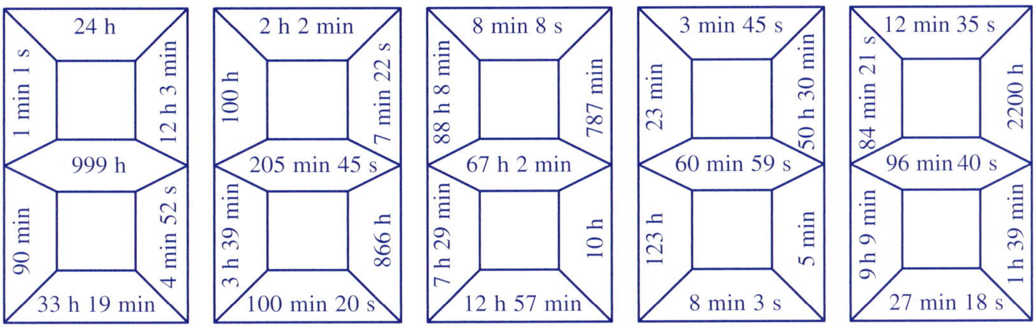

2 Integrieren der beiden Gehirnhälften

Die spezifischen Fähigkeiten beider Hemisphären müssen nicht nur zur Verfügung stehen, sie müssen auch zusammenarbeiten, damit ein effizientes Erfassen und Lösen von Rechenaufgaben stattfinden kann. Diese Zusammenarbeit funktioniert nicht immer optimal und das ist die Ursache vieler Lernschwierigkeiten. Vor allem unter Stress neigen Kinder dazu die nichtdominante Hemisphäre abzuschalten. Mit dem Einsatz nur einer Gehirnhälfte können Rechenaufgaben jedoch nur schwer vollinhaltlich erfasst und gelöst werden.

Am Beispiel einer Textaufgabe möchte ich die Problematik aufzeigen, die entsteht, wenn vorwiegend mit nur einer Hemisphäre gearbeitet wird.

Die Aufgabe lautet:
3 kg Äpfel kosten 6,– Euro / 11,30 sFr. Wie viel kosten 14 kg?

Die **intuitive Gehirnhälfte** erkennt den Zusammenhang und **weiß intuitiv den Lösungsvorgang:**

Welche Zahlen jetzt miteinander dividiert bzw. multipliziert werden müssen, das bereitet der intuitiven Gehirnhälfte schon größere Schwierigkeiten.

Die **analytische Gehirnhälfte** sieht die Details und **versucht logische Schlüsse zu ziehen:**

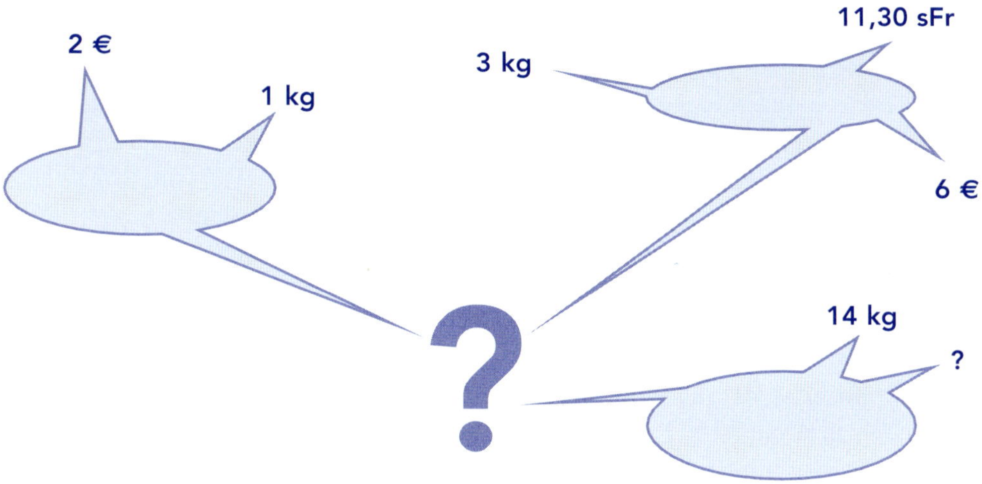

Das Ganze zu überblicken und Zusammenhänge herzustellen ist der Arbeitsweise der analytischen Hemisphäre nicht adäquat. Es kann auch passieren, dass die einzelnen Details falsch zugeordnet werden: 6 zu kg; 14 zu Euro/sFr.

Nur wenn beide Gehirnhälften gut zusammenarbeiten, kann die Aufgabe vollinhaltlich erfasst werden. Schwierigkeiten bei der Integration stellen sich vor allem dann ein, wenn die neurologischen Verbindungen (= Nervenbahnen) zwischen den beiden Hemisphären nicht ausreichend aktiviert sind.

„Installiert“ werden diese neurologischen Schaltungen in der **Krabbelphase** des Kindes. Die Extremitäten beider Körperseiten stimulieren durch die Krabbelbewegung – rechtes Bein und linker Arm nach vorn, dann linkes Bein und rechter Arm – das Zusammenschalten der beiden Gehirnhälften. Je intensiver diese Entwicklungsphase durchlebt wird, desto besser werden die neurologischen Schaltungen installiert.

Manche Kinder sind jedoch nie oder nur sehr kurze Zeit gekrabbelt. Einige haben gleich zu gehen begonnen, andere haben sich auf andere Art am Boden fortbewegt. In diesen Fällen kann sich die Integration der Hemisphären nicht optimal entwickeln.

Auf motorischer Ebene kann sich das in einer mangelhaft ausgebildeten Körperkoordination zeigen. Die Kinder wirken ungeschickt und schon das Durchführen einer einfachen Überkreuzbewegung bereitet vielen große Mühe. Gleichzeitig den Arm der linken und das Bein der rechten Körperseite zu bewegen fällt ihnen schwer. Immer wieder fallen sie in ein homolaterales Muster und bewegen Arm und Bein der gleichen Körperseite. Werden Arm und Bein der gleichen Körperseite bewegt, ist hauptsächlich eine Gehirnhälfte beschäftigt und daher fällt diese Art der Bewegung Kindern mit einer schwachen Integration der Hemisphären leichter.

Ziel der **Bewegungsübungen** in diesem Kapitel ist es, beide Körperseiten zu beschäftigen, entweder gleichzeitig oder in kurzer Folge nacheinander. Mit der rechten Hand zu schreiben und gleichzeitig mit der linken einen Ball zu rollen, diese Übung hat die eben skizzierten Erkenntnisse als Hintergrund. Durch diese Art von Bewegungsübungen werden die Verbindungen zwischen den beiden Gehirnhälften auf motorischer Ebene aktiviert und vertieft. Stehen sie erst einmal auf dieser Ebene zur Verfügung, so unterstützen sie auch den kognitiven Bereich.

Auch die **Arbeitsblätter** dieses Kapitels streben eine Verbindung der beiden Hemisphären an. Den durch Körperhaltung gebildeten Ziffern, die bildhaft dargestellt sind und eher die intuitive Hemisphäre ansprechen, werden abstrakte Symbole in Form von Ziffern gegenübergestellt.

Die Zielsetzung beide Gehirnhälften zu beschäftigen setzt sich auch bei der Auswahl der **Übungsblätter** fort. Neben dem mechanischen Lösen der einzelnen Rechenaufgaben, das eher die analytische Gehirnhälfte anspricht, sollen die einzelnen Lösungsfelder farblich gestaltet werden; damit wird auch die rechte Hälfte einbezogen.

TESTBLATT

Name:

Bemerkungen:

Beobachten Sie die Ausführung der Überkreuzbewegung und kreuzen Sie an:

Abgewinkelt und blockiert:	beide Arme	❑
	rechter Arm	❑
	linker Arm	❑
Arme schwingen locker mit		❑
Ein Bein wird beim Anheben über die Mittellinie gezogen		❑
Bewegung wirkt ruhig und harmonisch		❑
Bewegung ist ruckartig (militärisch)		❑
Wechsel in anderes Überkreuzmuster bewirkt Schwierigkeiten		❑
Überkreuzbewegung im Springen		❑
Gleichseitige Bewegung wirkt hölzern		❑
	rund	❑
Wechsel zwischen gleichseitiger Bewegung und Überkreuzbewegung		
	gelingt ohne Schwierigkeiten	❑
	bereitet Probleme	❑

Bewegungsübungen

13 Jordandribbling ●

Vorübung: Leg einen Ball vor dir auf den Boden und rolle ihn (im Stehen, bei gebeugten Knien) mit der rechten Hand rund um deine rechte Körperseite nach hinten, etwa bis zur Höhe der rechten Ferse. Nun spiele ihn hinter dem Körper in deine linke Hand. Diese rollt ihn dann um die linke Körperseite nach vorne, wo ihn die rechte Hand wieder übernimmt.

V 1: Wechsle dann die Richtung und rolle den Ball im Linkskreis um dich herum.

Zielübung: Jetzt wird der Ball (im Stehen) mit der rechten Hand rund um den Körper gedribbelt. Erst im Rechtskreis, dann im Linkskreis.

S 1: Dribble den Ball wieder mit rechts bis auf Höhe der rechten Ferse. Dann spiele ihn zwischen den leicht gegrätschten Beinen nach vorne durch, wo ihn die linke Hand übernimmt. Diese führt den Ball nach hinten zur linken Ferse und spielt ihn zwischen den Beinen durch nach vorne in die rechte Hand.

S 2: Dribble den Ball mit rechts von vorne zwischen den Beinen durch nach hinten, wo ihn die linke Hand übernimmt und wieder nach vorne dribbelt.

V 2: Dann spiele mit links den Ball zwischen den Beinen durch nach hinten in die rechte Hand.

Die Erklärung der Abkürzungen und Symbole findest du auf Seite 43!

14 Ziffernball ●●

Du sitzt deinem Partner am Tisch gegenüber: Ihr habt beide ein Blatt Papier vor euch liegen. Schreibt nun in die erste Zeile mit der rechten Hand lauter Einser. Mit der linken Hand rollt ihr euch währenddessen gegenseitig einen Tennisball zu. Wenn ihr ans Ende der Zeile gelangt seid, beginnt die nächste Zeile mit Zweiern, die übernächste mit Dreiern und so weiter, bis ihr bei der Zahl Zwanzig angelangt seid. Der Ball rollt ohne Unterbrechung weiter hin und her.

V 1: Dann versucht einen zweiten Durchgang, in dem ihr die Hände wechselt: Die linke schreibt, die rechte rollt.

S 1: Dein Partner und du rufen abwechselnd irgendeine beliebige Zahl, die nun geschrieben werden soll, und ihr nennt dazu jeweils die Hand, mit der geschrieben werden soll, während der Ball weiter gerollt wird.

15 Trommelwirbel ●

Klopfe mit der rechten Hand und stampfe gleichzeitig mit dem linken Fuß folgende Rhythmen:

V 1: einen 2/4-Takt, wobei die Hand jeden Taktschlag klopft und der Fuß nur jeweils den Einser stampft. Wenn du den Rhythmus gefunden hast, wechsle so, dass der Fuß jeden Taktschlag stampft und die Hand jeweils nur den Einser klopft. Hast du auch in diesen Rhythmus hineingefunden, dann wechsle willkürlich zwischen beiden Rhythmen hin und her.

V 2: einen 3/4-Takt, wie bei V 1.

V 3: einen 4/4-Takt, wie bei V 1.

V 4: Klopfe dann mit der linken Hand und stampfe gleichzeitig mit dem rechten Fuß alle Variationen durch.

16 Tempelhüpfen

Markiert euch mit Kreide eine Tempelstraße am Boden. Ein einzelnes Kästchen bedeutet: rechter Fuß, ein einzelnes Kästchen mit einem Kreis darin bedeutet: linker Fuß, ein doppeltes Kästchen bedeutet: beidbeinig. Springt nun rhythmisch durch die Tempelstraße.

V 1: Erfindet selber eine viel längere.

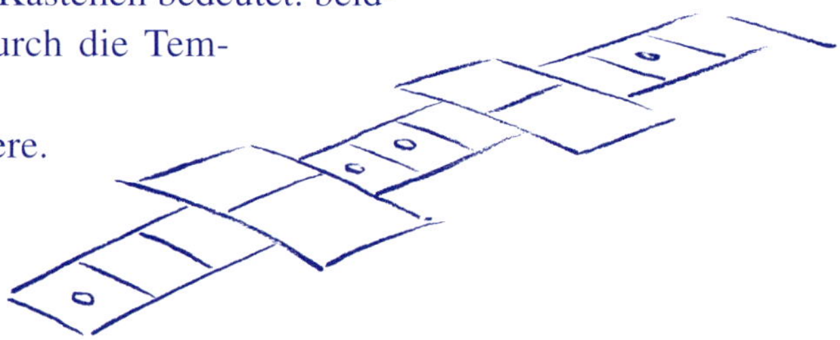

17 Volkstanz

Du stehst deinem Partner gegenüber, ihr zählt immer wieder rhythmisch von 1 bis 5 und macht dazu folgende Bewegungen:

Auf 1: Deine rechte Handfläche klatscht in die deines Partners, die Fingerspitzen zeigen nach oben, etwa in Kopfhöhe. Gleichzeitig kickt der linke Fuß seitlich nach außen in die Luft.

Auf 2: Deine linke Handfläche klatscht in die deines Partners, gleichzeitig kickt der rechte Fuß seitlich nach außen in die Luft.

Auf 3: Während gleichzeitig deine linke in die rechte und die rechte in die linke Handfläche deines Partners klatscht, springt ihr beidbeinig mit geschlossenen Füßen auf der Stelle.

Auf 4: Eure Hände klatschen wie auf 3 ineinander, gleichzeitig springt ihr in eine leichte Grätsche.

Auf 5: Eure Hände klatschen wie vorhin ineinander, gleichzeitig springt ihr in die geschlossene Fußstellung zurück.

Übt zuerst der Reihe nach mehrmals alle Bewegungen einzeln. Dann verbindet die Bewegungen 1 bis 5 zu einem immer wiederkehrenden Rhythmus.

S 1: Einer von euch sagt die Takte 1 bis 5 durcheinander an, immer aufs Neue. Springt auch diesen Rhythmus nach.

18 Achterbahn ●●

Du sitzt am Tisch, dein Partner steht hinter dir: Male mit der rechten Hand eine große, liegende Acht auf ein Blatt Papier. Wenn dein Partner auf deine linke Schulter tippt, dann kreist du nur auf der rechten Seite des Achters. Tippt er auf deine rechte Schulter, dann ziehst du die Kreise nur auf der linken Seite des Achters. Nun versucht das im raschen Wechsel.

V 1: Male nun mit der linken Hand.

S 1: Dein Partner tippt dir ein vorgestelltes Viereck auf den Rücken. (Das heißt: Er tippt die vier Eckpunkte.) Danach tippt er immer nur zwei dieser Punkte (nach seiner Wahl) hintereinander. Das bedeutet für dich: Ziehe den Achter entsprechend der Lage dieser beiden Berührungspunkte – waagerecht, senkrecht oder diagonal.

19 Roboter ●

Du gehst auf folgende Weise durch das Zimmer: Auf die Ansage deines Partners („Roboter") bringe immer zuerst das rechte Bein gemeinsam mit dem angewinkelten rechten Unterarm nach vorn, beim nächsten Schritt das linke Bein gemeinsam mit dem linken abgewinkelten Unterarm. Bewege dich dabei eckig und roboterhaft. Auf die Ansage „Mensch" bringe das rechte Bein gemeinsam mit dem linken abgewinkelten Unterarm nach vorn, beim nächsten Schritt das linke Bein mit dem rechten abgewinkelten Unterarm.

V 1: Nun sagt dein Partner abwechselnd „Roboter" oder „Mensch" an. Du sollst jeweils ohne Verzögerung in dem angesagten Muster weitergehen.

V 2: Dein Partner mischt die Ansagen „Roboter" und „Mensch" noch mit „vorwärts" und „rückwärts". Bewege dich immer entsprechend seiner Vorgabe.

20 Integriert malen ●●

Halte einen Schreibstift, indem du ihn zwischen die Daumen und Zeigefinger der rechten und der linken Hand einklemmst. Dann male ein großes A, das das ganze Blatt ausfüllt. Schreibe nun der Reihe nach in verschiedenen Größen alle Buchstaben des Alphabets ganz durcheinander in dieses A hinein. Fülle es ganz damit aus. Einen einzigen Buchstaben versteckst du ein zweites Mal. Nun kommt dein Partner an die Reihe. Er muss möglichst schnell den doppelten Buchstaben herausfinden. Wenn er es geschafft hat, dann beginnt er, indem er diesen Buchstaben beidhändig groß aufschreibt und ihn mit lauter kleinen Buchstaben des Alphabets ausfüllt, wobei auch er wieder einen Buchstaben doppelt versteckt. Diesen sollst **du** dann suchen und so wechselt ihr euch immer weiter ab.

21 Volleyball ●

Lege den Handrücken deiner linken Hand in die Handfläche der rechten und strecke beide Arme nach vorn, die Handflächen zeigen nach oben. Spiele mit den Unterarmen den Ball in die Luft, lass ihn einmal am Boden aufspringen und spiele ihn wieder mit den Unterarmen hoch.

V 1: Spiele den Ball immer wieder mit deinen Unterarmen hoch, ohne dass er den Boden berührt.

V 2: Spiele den Ball einmal mit den Unterarmen hoch, dann lass ihn am Boden aufspringen, dann spiel ihn mit dem rechten Fuß hoch, lass ihn wieder aufspringen und spiele ihn anschließend mit dem linken Fuß hoch.

V 3: Spiele den Ball wie bei V 2 abwechselnd hoch, jedoch ohne einen einzigen Bodenkontakt.

22 Dreibein ●●

Stell dich ganz dicht neben deinen Partner. Bindet nun (etwa mit einem Schal oder Stofftuch) eure inneren, einander berührenden Beine unterhalb der Knie zusammen. Versucht langsam einige Vorwärtsschritte zu gehen. Wenn ihr das schafft, marschiert ihr auf Ansage, die einer von euch macht, zum Beispiel: vor-vor-vor-links-links-vor-vor-rechts-rechts-rück-rück-...

S 1: Legt euch verschiedene Hindernisse im Raum aus, über die ihr steigen müsst ohne den Schrittrhythmus zu verlieren. (Schuhschachtel, kleine Stöcke u.ä.)

V 2: Verteilt verschiedene Hindernisse im Raum, um die ihr herummarschieren sollt. Stoppt die Zeit, die ihr für diese Hindernisstrecke braucht. Versucht den Rekord beim nächsten Mal zu verbessern.

23 Achterball ●●

Du sitzt deinem Partner am Tisch gegenüber: Ihr habt beide ein Blatt Papier vor euch liegen, auf dem ihr mit der rechten Hand ohne Unterbrechung liegende Achter zieht (– von der Mitte der (weg nach oben beginnen!). Mit der linken Hand rollt ihr euch einen Tennisball zu ohne mit den Achterschleifen aufzuhören. Wenn einer von euch „hopp" sagt, wechselt ihr beide ohne abzusetzen die Richtung und zieht nun aufrecht stehende Achter. Beim nächsten „hopp" wird wieder gewechselt und so weiter; währenddessen rollt der Tennisball ohne Unterbrechung hin und her.

V 1: Wenn ihr das eine Weile geübt habt, wechselt Ball und Schreibstift in die jeweils andere Hand. Nun werden links die Achterschleifen gezogen und rechts wird gerollt.

S 1: Jeder nimmt sich einen eigenen Tennisball (oder für den Anfang einen größeren Ball, der leichter zu kontrollieren ist). Stellt euch knapp neben den Tisch, zieht die Achterschleifen im Stehen und dribbelt mit der freien Hand den Ball am Boden. Auf „hopp" erfolgt wieder der Richtungswechsel bei den Achterschleifen.

V 2: Beim nächsten Durchgang schreibt links und dribbelt rechts.

24 Kreuzfangen ●●

Dein Partner steht dir im Abstand von vier großen Schritten gegenüber und wirft dir einen Tennisball zu. Du sollst den Ball auf seine Ansage hin („rechts" oder „links") mit der jeweiligen Hand fangen und gleichzeitig mit dem gegenüberliegenden Fuß einen Schritt nach vorn machen.

V 1: Fange den Ball nun beidhändig. Die Ansage „rechts" oder „links" bezieht sich jetzt auf **den** Fuß, der einen Schritt nach vorne machen soll.

V 2: Die beiden vorigen Übungen werden jetzt gemischt. Die Ansagen deines Partners können lauten: „Hand rechts", „Hand links", „Fuß rechts" oder „Fuß links".

Dominosteine (auch zum Anmalen)

Auf dieser und der nächsten Seite sind die Übungen 13 bis 24 abgebildet. Kopiere die beiden Seiten und schneide die einzelnen Dominosteine aus. Lege die „Steine“ verkehrt hin. Einer bleibt unverdeckt. Du ziehst einen Dominostein und wenn dieser Stein ein gleiches Bild hat wie der

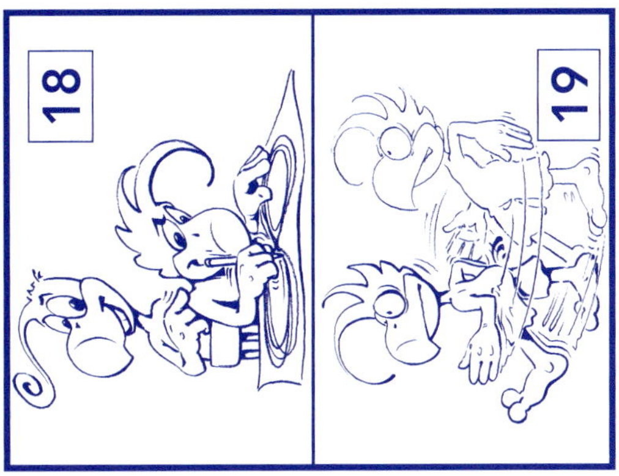

unverdeckte Stein, darfst du deinen Stein dazulegen. Der Partner macht dann diese Übung. Nun ist der Partner mit dem Ziehen dran. Wenn aber die gezogene Karte nicht dazupasst, kommt der nächste dran.
Wenn alle Dominosteine gezogen wurden, hat der Mitspieler gewonnen, der keinen Dominostein mehr hat.
Viel Spaß!

Ratespaß

Fahre mit dem Finger die großen Zahlen nach. Schau dir jetzt die Clowns an. Welche Zahlen stellen sie dar? Schreibe es in das daneben stehende Kästchen!
Versuche nun selbst mit deinem Körper die Ziffern 5 bis 9 zu bilden.

Es ist ganz leicht ...

Nimm zwei verschiedenfarbige Buntstifte und setze die beiden Linien fort. Schau dabei, dass beide Linien so ähnlich wie möglich werden.

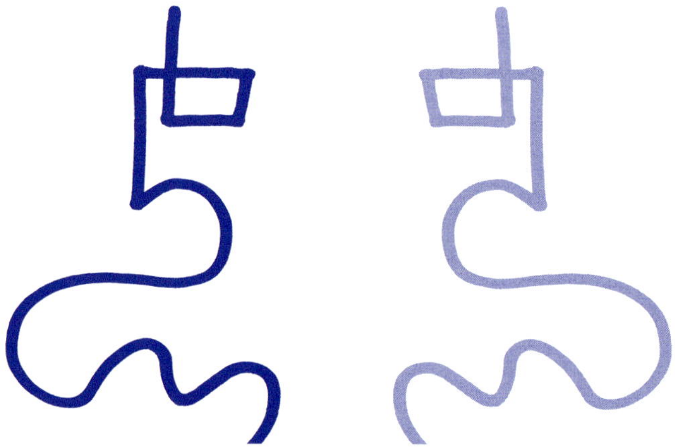

Ü Subtraktion von Dezimalen

Wenn du wissen willst, wie dieses Bild in Farbe aussieht, musst du die Rechenaufgaben ausrechnen und das Ergebnis mit der angegebenen Farbe anmalen.

226,631 – 133,602 = __________ (blau)
32,6202 – 29,0036 = __________ (orange)
11,5856 – 6,03257 = __________ (gelb)
502,555 – 367,455 = __________ (blau)
70,9916 – 61,9916 = __________ (lila)
8623,39 – 956,331 = __________ (grau)
577,603 – 573,393 = __________ (grün)
1009,25 – 1001,25 = __________ (rot)
10000,9 – 9999,99 = __________ (orange)
4588,71 – 3925,21 = __________ (gelb)
56965,3 – 49963,2 = __________ (grau)

8,00628 – 5,03692 = __________ (blau)
0,93632 – 0,82232 = __________ (grün)
107,421 – 104,421 = __________ (rot)
62,6623 – 39,2523 = __________ (blau)
6,88326 – 2,88326 = __________ (lila)
6,00005 – 5,00005 = __________ (gelb)
174,174 – 74,7474 = __________ (grau)
77,0092 – 69,2432 = __________ (orange)
564,224 – 563,394 = __________ (grün)
0,04004 – 0,02004 = __________ (blau)
2,32261 – 2,10025 = __________ (grau)

Das Wissen um das kleine Einmaleins ist hier wichtig.

Schneide die 20 Quadrate aus und versuche die einzelnen Multiplikationen zusammenzulegen (z.B. 3·5 mit 15). Stimmt alles, dann hast du am Ende eine Figur gelegt.

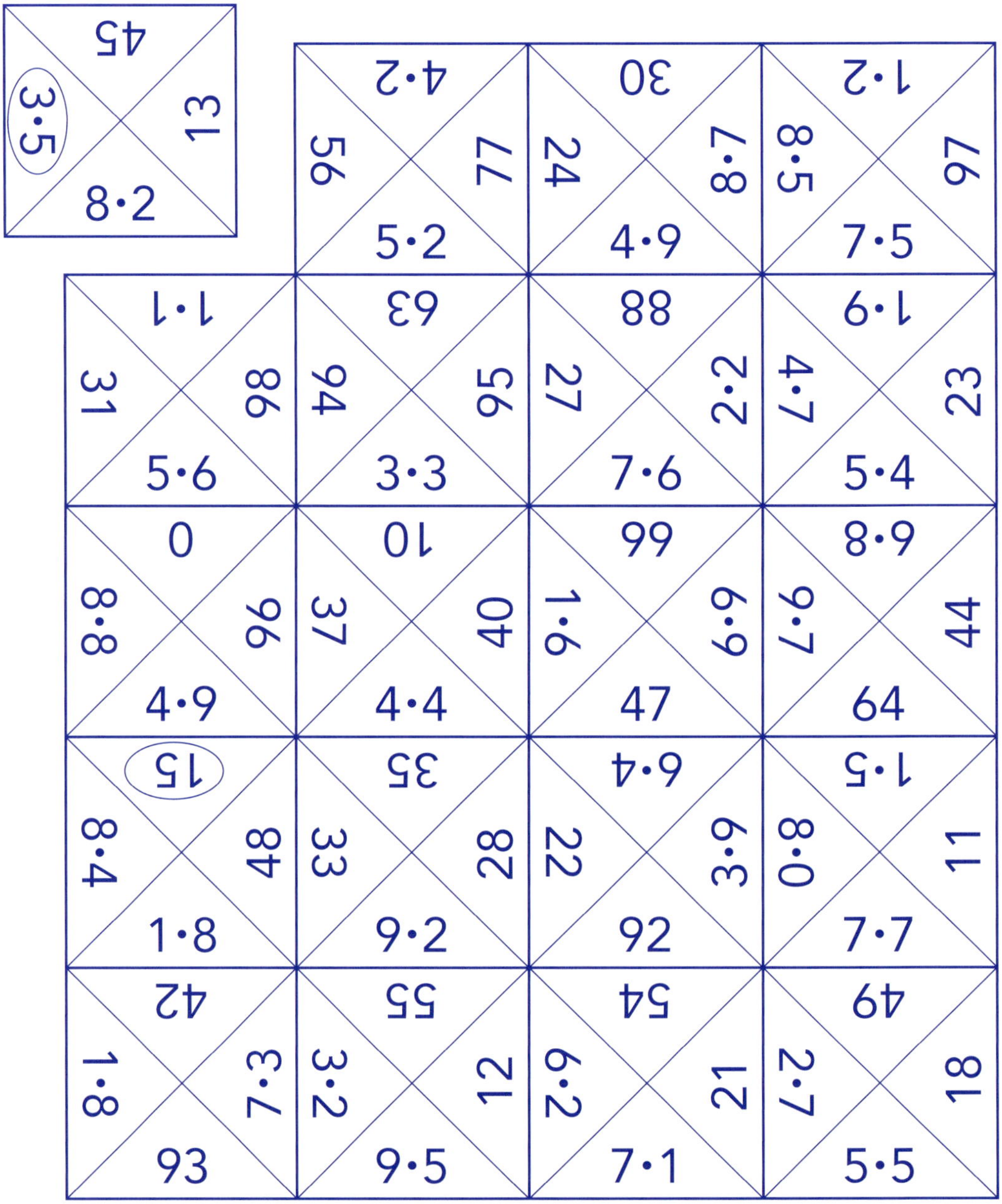

3 Aktivieren der **Hand-Augen-Koordination**

Auf der Stufe des konkreten Handelns mit Gegenständen ist die Hand-Augen-Koordination unverzichtbar. Sie ist ein wesentliches Werkzeug zum Erfassen mathematischer Begriffe. Aber auch beim direkten Lösen mathematischer Aufgaben ist sie von großer Bedeutung. Sehr oft ist eine **ungenaue Schreibweise** Ursache von **Rechenfehlern.**

Das bezieht sich sowohl auf exaktes Untereinander- und Nebeneinanderschreiben als auch auf sorgfältiges Schreiben der einzelnen Ziffern, Benennungen und Hochzahlen. Kommt es hier zu Ungenauigkeiten, können sie zu Fehlerquellen im weiteren Rechenprozess werden. „Schön schreiben" hat für den Mathematikunterricht mehr als nur eine ästhetische Komponente.

Manche Kinder sind wirklich nur nachlässig und können, sobald sie die Wichtigkeit einer sorgfältigen Schreibweise erkannt haben, ihre Niederschrift entsprechend gestalten. Doch manchen gelingt das auch mit großer Mühe nicht. Die Hand macht einfach nicht, was das Auge gerne sehen möchte, und scheint manchmal geradezu einen eigenen Willen zu haben. Dieses Handicap macht sich besonders bei geometrischen Aufgaben bemerkbar. Eine genaue Strichführung ist nahezu unmöglich und das exakte Verbinden einzelner Punkte ist eine fast unlösbare Anforderung. Das viele Radieren und Ausbessern lässt alle Zeichnungen sehr schnell unansehnlich werden und die Motivation der Kinder wird immer geringer.

Bevor man im feinmotorischen Bereich mit dem Kind an einer Verbesserung der Hand-Augen-Koordination arbeitet, ist es angezeigt die Verfügbarkeit dieser Fähigkeit in der Grobmotorik zu überprüfen. Sehr oft zeigen sich bereits hier bei Kindern Defizite. Sie können Bälle schlecht fangen und zeigen auch schon Unsicherheiten, wenn der Ball nur zugerollt wird.

Die **Bewegungsübungen** dieses Abschnittes bieten mit verschiedenen Schwierigkeitsstufen die Möglichkeit einer schrittweisen Aktivierung der Hand-Augen-Koordination. Das „Fangen" zugerollter Bälle und zugeworfener Tücher steht dabei am Anfang. Immer wieder findet sich in den Übungsanleitungen die Aufforderung zum Einsetzen der linken Hand. Sie werden erstaunt sein, um wieviel sicherer die Kinder mit der rechten Hand werden, wenn die linke nicht mehr ganz so ungeschickt ist.

Da es viel schwieriger ist einen Gegenstand nur zu berühren, anstatt ihn zu ergreifen, werden auch für diese Aktivität Übungsreihen angeboten. Die Kinder lernen ihre Kräfte zu dosieren und die Hand-Augen-Koordination noch feiner abzustimmen. So schwierig diese Aufgabe für manche Kinder zu Beginn ist – trainiert man die Übungsreihen über einen längeren Zeitraum, so kann man den Fortschritt sehr gut beobachten.

Die **Arbeitsblätter** dienen hier dazu, die durch die Bewegungsübungen in der Dreidimensionalität (Körperbewegung im Raum) verfügbare Hand-Augen-Koordination in die Zweidimensionalität (Arbeit auf Papier) umzusetzen. Auch hier sollten die unterschiedlichen Schwierigkeitsstufen beachtet und zuerst Blätter bearbeitet werden, die mehr Spielraum bieten und keine ganz genaue Linienführung erfordern.

Die **Übungsblätter**, die ich für dieses Kapitel ausgewählt habe, bauen die Aktivierung der Hand-Augen-Koordination in das Lösungsverfahren mit ein, indem bestimmte Punkte gezielt miteinander verbunden werden müssen. Werden die richtigen Punkte in der entsprechenden Reihenfolge miteinander verbunden, so entsteht eine Figur.

TESTBLATT

Name:

Bemerkungen:

Das große Rennen!
Nimm einen Buntstift und fahr so schnell wie möglich den Weg ab, aber ohne anzustoßen! Wie lange hast du dazu gebraucht? Zähle, wie oft du dabei den Streckenrand berührt hast!

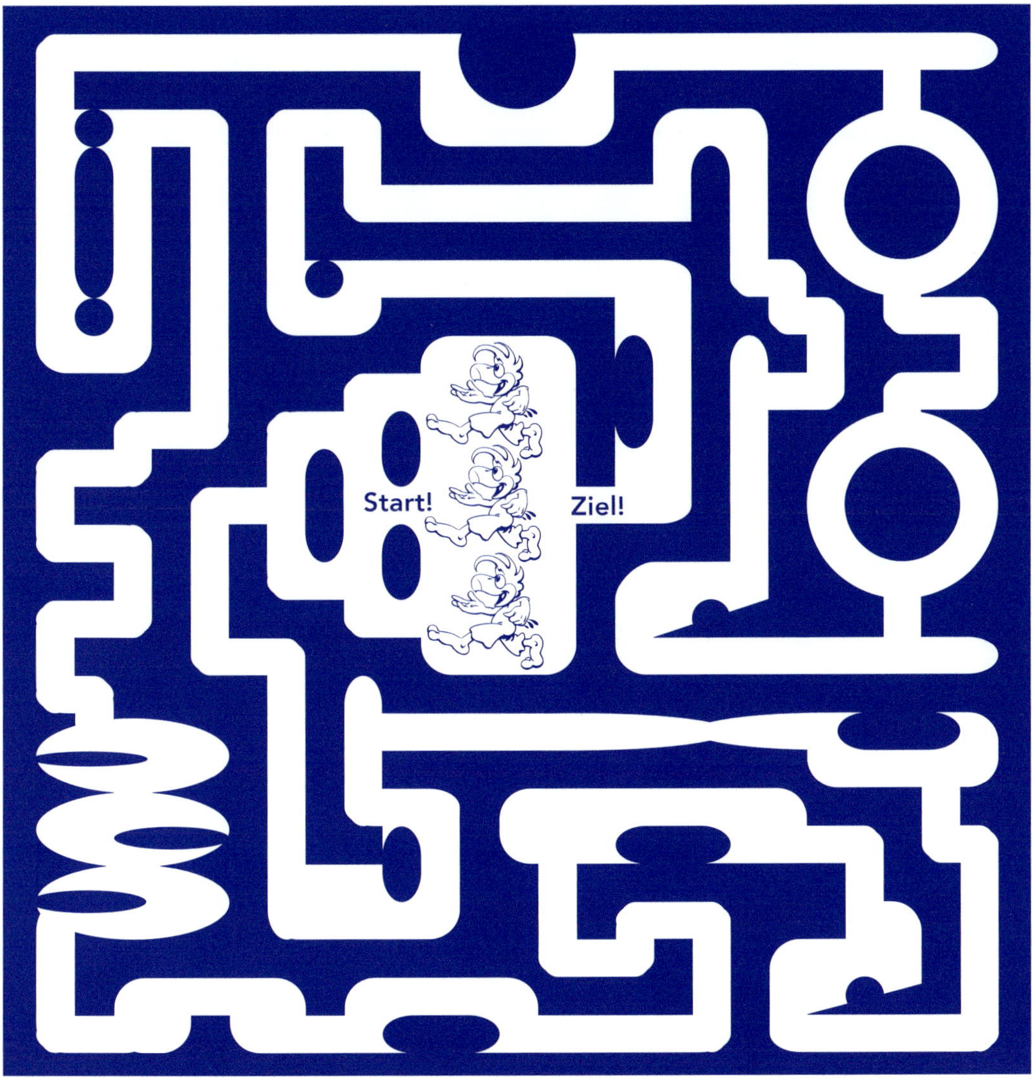

Bewegungsübungen

25 Rollmops ●●

Du sitzt deinem Partner am Boden im Schneidersitz gegenüber.

1. Roll mit deiner rechten Hand einen Ball neben dem Körper genau zur linken Hand deines Partners. Dieser rollt den Ball mit links wieder in deine rechte Hand zurück. Danach wechselt ihr, du rollst links, dein Partner rechts.
2. Nun rollt den Ball im Kreis: Mit rechts zur linken Hand des Partners. Dieser wechselt hinter seinem Rücken den Ball in seine rechte Hand und rollt ihn wiederum außen zu deiner linken zurück. Nun wechselst du ihn hinter dem Rücken in die rechte und rollst weiter.
3. Versucht dasselbe über Kreuz – du rollst mit rechts zu seiner rechten, er wechselt den Ball hinter seinem Rücken in die linke und rollt ihn zu deiner linken zurück.

S 1: Nun führt alle drei Übungen mit geworfenen Bällen aus. Werft immer so, dass der Ball zwischen euch einmal den Boden berührt.

Die Erklärung der Abkürzungen und Symbole findest du auf Seite 43!

26 Zweierball ●●

Du stehst deinem Partner im Abstand von zwei großen Schritten gegenüber:

1. Ihr werft euch einen Tennisball zu und fangt ihn – alles nur rechts, dann nur links.
2. Du hast in jeder Hand einen Tennisball und wirfst nun beide gleichzeitig zu deinem Partner, der sie fangen soll.
3. Du wirfst deinem Partner beide Bälle gleichzeitig so zu, dass sich deren Wege in der Luft kreuzen – dein rechter Ball soll zu seiner rechten Hand, dein linker Ball zu seiner linken.

S 1: Versucht bei allen Übungen **eine** Sekunde, bevor der Ball die Hand/Hände erreicht, die Augen zu schließen und trotzdem zu fangen.

27 Kopf oder Zahl ●●

Beide Partner wählen für sich die Seite einer Münze: Kopf oder Zahl.

1. Wirf die Münze hoch und fange sie mit der rechten Hand wieder auf. Wirf und fang dann auch mit links.
2. Lege die Münze wie ein Schiedsrichter beim Fußball bei geschlossener Faust auf den Daumennagel. Nun schnippe die Münze mit dem Daumen hoch, sodass sie sich in der Luft dreht. Dann fang sie mit einer Hand wieder auf. Natürlich zuerst nur mit der rechten, danach nur mit der linken. Wer errät bei zehn Versuchen öfter die richtige Seite?

28 Ballonnotizen ●

Du sitzt am Tisch und hast vor dir ein Blatt Papier und einen Buntstift liegen. Nun wirfst du einen Luftballon hoch und lässt ihn, sobald er herunterkommt, durch wiederholtes Antippen mit der rechten Hand fortwährend in der Luft schweben. Nach jedem Antippen greifst du mit derselben Hand blitzschnell zum Buntstift und machst für jede Berührung einen Strich auf das Papier (oder schreibst 1, 2, 3, ...). Wie viele Berührungen schaffst du, ohne dass der Luftballon zu Boden fällt? Versuche das Antippen und Schreiben auch mit der linken Hand.

S 1: Halte zwei verschiedenfarbige Luftballons durch Antippen in der Luft. Teile das Blatt Papier in zwei Spalten und trage jeweils in die der Luftballonfarbe zugeordnete Spalte einen Strich für jede Berührung ein.

29 Buntstiftturm ●●

Baue mit deinem Partner auf folgende Art aus Buntstiften einen Turm: Ihr berührt beide gleichzeitig den Buntstift (jeder nur mit einem Finger) an der Spitze beziehungsweise am Ende und klemmt ihn so zwischen euren Fingern ein, dass ihr ihn hochheben könnt. Auf diese Weise bringt ihr zwei Stifte parallel zueinander. Die nächsten zwei werden nun quer zu diesen daraufgelegt. Die nächsten beiden wieder quer zu diesen obendrauf, sodass der Turm immer höher wird. Wie hoch schafft ihr es, den Turm zu bauen?

S 1: Rollt während des Bauens (jeder mit seiner freien Hand) neben dem Turm andauernd einen Ball hin und her.

30 Kartenhaus ●

Nimm dir eine gerade, aber etwas rauhere Unterlage zur Hand und baue darauf aus Spielkarten ein Kartenhaus. Füge zuerst zwei Karten mit den Breitseiten aneinander zu einem spitzen Dach zusammen. Daneben machst du dasselbe noch einmal. Nun kommt eine Karte als Verbindungsstück quer über die beiden Spitzen. Wenn du sechs Spitzdächer geschafft hast, dann baue auf den Verbindungskarten im 1. Stock weiter, dann im 2. Stock, bis nur mehr Platz für **ein** Spitzdach vorhanden ist.

31 Münzkreisel ●

Stelle eine Münze auf den Tisch und fixiere sie mit dem Zeigefinger einer Hand. Nun schnippe mit dem Mittelfinger der anderen Hand gegen den Rand der Münze, sodass diese recht schnell über den Tisch kreiselt. Sobald sie in Schwung gekommen ist, versuche sie mit einem beliebigen Finger von oben schnell niederzudrücken. Wenn das gelingt, versuche es mit jedem einzelnen Finger einmal.

S 1: Bringe rasch nacheinander drei bis fünf Münzen zum Kreiseln und mache sie „platt".

S 2: Spiele mit deinem Partner um die Wette: Du bringst eine Münze für ihn zum Kreiseln, er soll sie mit einem Versuch plätten. Gelingt ihm das, so gehört der Punkt ihm und er kommt nochmals an die Reihe, so lange, bis ihm ein Fehler unterläuft. Dann bist du dran.

32 Buntstifttrick ●

Strecke deinen Unterarm gerade nach vorn und drehe die Handfläche nach oben. Lege einen Buntstift so zwischen Handgelenk und Ellbogenbeuge, dass Spitze und Ende quer zum Unterarm zeigen. Nun bewege deine Hand langsam abwärts, bis der Buntstift auf deinem Arm zu rollen beginnt. Wenn er die Finger erreicht hat, schließ die Hand und fang ihn auf. Übe zuerst mit der rechten Hand, dann mit der linken.

S 1: Dreh die Handfläche nach unten und leg den Buntstift auf die Oberseite des Unterarms. Bring ihn wieder ins Rollen. Wenn er über den Handrücken und die Fingerspitzen hinweggerollt ist, fang ihn auf, bevor er zu Boden fällt.

33 Ballonartist ●

Du lässt drei verschiedenfarbige Luftballons durch Antippen mit Hand oder Fuß in der Luft schweben. Sie sollen nicht den Boden berühren.

1. Du sollst alle drei nur mit linker Hand und/oder rechtem Fuß antippen.
2. Du tippst alle drei nur mit rechter Hand und/oder linkem Fuß an.
3. Du sollst den gelben Luftballon nur mit der rechten Hand, den roten nur mit der linken Hand, den blauen nur mit den Füßen antippen.
4. Du hältst in der rechten Hand ein Lineal, damit versuchst du alle drei Luftballons in der Luft zu halten.
5. Versuche dasselbe mit dem Lineal in der linken Hand.

34 Stäbchen fischen ●

Warst du schon einmal in einem China-Restaurant und hast mit Stäbchen gegessen? Klemme zwei Buntstifte zwischen Daumen einerseits sowie Zeige-, Mittel- und Ringfinger andererseits ein. Die Spitzen zeigen nach oben und liegen über der Daumenbeuge. Fixiere den unteren Stift zwischen Daumen und Ringfinger. Den oberen kannst du zwischen Daumen, Zeige- und Mittelfinger leicht bewegen. Nun klemme mit dieser Stäbchentechnik andere Buntstifte (oder verschiedene leichte Gegenstände) ein und trage sie von einem Ort zum anderen. Versuche auf diese Art einen Buntstiftturm zu bauen.

Übungsreihe: Dinge berühren

35 Buntstiftpolka ●●

Du hast vor dir auf dem Tisch im Abstand einer Handbreite drei Buntstifte nebeneinander liegen. Dein Partner sagt dir nun durcheinander die verschiedenen Farben an. Du sollst den angesagten Buntstift mit einer Hand leicht berühren, ohne ihn zu verschieben.

V 1: Nach jeder Buntstiftberührung klatschst du leicht auf deinen Oberschenkel. Nun gibt dir dein Partner durch rhythmische Ansage das Tempo vor, zum Beispiel: „Rot" (Buntstift berühren) – „und" (Oberschenkel klatschen) – „Gelb" (Buntstift berühren) – „und" (Oberschenkel klatschen) usw. Beginnt in einem sehr langsamen Rhythmus und steigert dann das Tempo. Erst rechts, dann links.

36 Balltritt ●

Stell dich mit hüftbreit gespreizten Beinen hin. Am Boden liegt vor jedem Fuß ein Tennisball. Berühre nun mit der rechten Fußsohle den Ball vor deinem rechten Fuß, dann stell den Fuß wieder zurück und berühre mit der linken Fußsohle den Ball zu deiner linken. Wechsle in immer schneller werdender Folge, bis du schließlich Wechselsprünge machst. Die Bälle sollen aber nur so leicht berührt werden, dass sie nicht davonrollen.

V 1: Du legst die Tennisbälle im Abstand von drei großen Schritten rechts und links neben dir auf den Boden. Berühre wieder mit der rechten Fußsohle den Ball zu deiner rechten, dann bewege dich mit Seitstellschritten zum anderen Ball und berühre ihn mit der linken Fußsohle. Wie viele Berührungen schaffst du in einer Minute? Vergiss nicht, dass die Bälle nicht vom Platz rollen dürfen.

V 2: Wie V 1, berühre jedoch mit der linken Fußsohle den Ball zu deiner rechten und umgekehrt.

S 1: Versuche gleichzeitig mit einer Hand einen Ball im Rhythmus der Sprünge zu dribbeln.

37 Kartentunnel ●

Füge zwei Spielkarten mit den kürzeren Kanten aneinander, sodass ein Spitzdach entsteht. Nun führe von einer Seite mit der rechten Hand einen Buntstift durch das Kartendach und ziehe ihn mit der linken Hand auf der anderen Seite heraus. Wenn dir das dreimal gelungen ist, stelle die Karten enger aneinander, sodass das Spitzdach höher und schmäler wird. Wenn es dir auch hier gelingt, den Buntstift von rechts nach links und von links nach rechts durchzuführen, dann füge die Spielkarten mit den längeren Kanten aneinander und führe dieselben Übungen damit aus.

38 Wackelsteine

Stelle drei verschiedene Gegenstände vor dir auf den Tisch, zum Beispiel: einen dicken Filzstift, eine Plastikflasche, eine dicke Kerze. Bringe sie durch vorsichtiges Antippen zum Wackeln, ohne dass sie jedoch umfallen. Wie stark darf das Antippen sein, damit sie gerade noch stehen bleiben? Fühle die unterschiedlichen Widerstände.

V 1: Dein Partner sagt die Gegenstände an, die du zum Wackeln bringen sollst. Nach jeder Berührung eines der Gegenstände klatschst du mit der flachen Hand auf deinen Oberschenkel. Wie viele Berührungen schaffst du in einer Minute, ohne dass ein Gegenstand umfällt? Kannst du diesen Rekord auch mit der anderen Hand einstellen? Schafft dein Partner diesen Rekord ebenfalls?

39 Roll and stop (Zimmerboccia)

Legt in einigen Schritten Entfernung ein Ziel (etwa einen Radiergummi) auf den Boden. Nun rollt jeder mit der rechten Hand drei Tennisbälle möglichst nahe an das Ziel heran. Spiele mit einem Partner um die Wette. Derjenige, dessen Ball dem Ziel am nächsten kommt, hat gewonnen. Natürlich könnt ihr auch versuchen, einen sehr nahe liegenden Ball des Partners mit dem eigenen Wurf aus der Zielnähe wegzustoßen. Den Revanchedurchgang spielt ihr beide mit der linken Hand.

S 1: Rollt die Bälle durch Darüberstreichen mit der Fußsohle in Richtung Ziel.

40 Buntstiftmikado ●●

Nimm dir 20 oder mehr Buntstifte. Fasse sie zwischen den Händen zu einem dicken Bündel zusammen, welches du mit den Enden nach unten auf den Tisch stellst. Dann lass einfach schnell los. Wenn die Buntstifte kunterbunt durcheinander und übereinander gefallen sind, beginnst du vorsichtig einen nach dem anderen einzusammeln. Es darf aber kein anderer Buntstift wackeln. Wenn einer über einem anderen liegt, versuche durch Drücken auf die Spitze diesen vorsichtig anzuheben um ihn wegnehmen zu können. Wenn einer über zwei anderen liegt, versuche, mit zwei Buntstiften, die du schon gesammelt hast, unter diesen zu gleiten und ihn hochzuwerfen. Wenn ein Buntstift wackelt, zählt dies als Fehlpunkt, den du von der möglichen Gesamtpunktezahl 20 (wenn du 20 Stifte verwendest) abziehst. Wie viele Punkte schaffst du pro Durchgang?

V 1: Wenn du mit einem Partner spielst, kommt jedesmal, wenn ein Stift wackelt, der andere an die Reihe, Stifte zu sammeln. Sieger ist dann, wer am Schluss mehr Buntstifte hat.

41 Berührungspunkte ●●

Du hast drei Ziele im Raum verteilt. Ziel 1 ist etwa ein Tennisball, der am Boden liegt, Ziel 2 ein Trinkglas auf dem Tisch, Ziel 3 ein Buntstift an einem Wollfaden, der von irgendwo frei herabhängt. Auf die Ansage deines Partners („1“, „2“ oder „3“) läufst du zu dem bezeichneten Ziel und berührst es ganz leicht, sodass sich der Gegenstand nicht bewegt. Wie viele Berührungen schaffst du in einer Minute?

Puzzle (auch zum Anmalen)

Du siehst auf diesen beiden Seiten 17 Übungen abgebildet. Kopiere beide Seiten und schneide die Puzzleteile entlang der geraden Linien aus. Du kannst alleine spielen oder mit deinem Partner.
Zuerst wird ein Puzzleteil zum Anfangen bestimmt und hingelegt. Danach wird ein passendes Teil dazugelegt. Immer wenn eine Bewegungsübung entsteht, musst du diese Übung machen (Wenn du zu zweit spielst, macht dein Partner die Übung.) Aber aufpassen: Entstehen zwei Übungen, müssen eben zwei gemacht werden! Viel Spaß!

39
34
KAUGUMMI
28
30
41
37
26
27
31
SCHNIPP
40

Hat die Spinne den Faden verloren?

Irgend etwas muss die Spinne falsch machen.

Kannst du ihr helfen und mit einem Stift alle fehlenden Fäden nachziehen? Schließlich soll sie ja nicht verhungern.

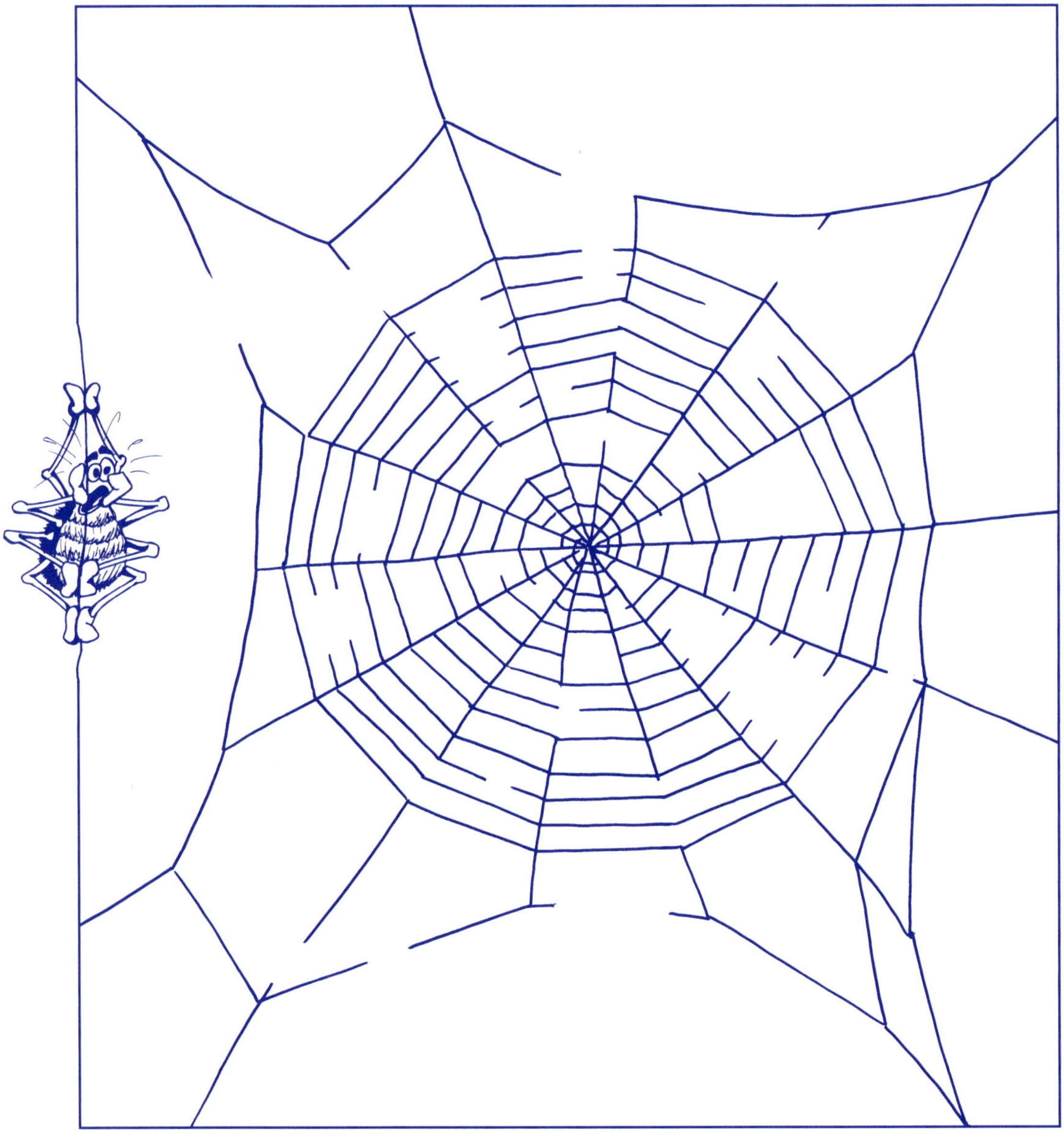

Die Ameisenwette

Die Ameisen haben eine Wette abgeschlossen. Wer bis nach Hause krabbeln kann, ohne am Tunnel anzustoßen, hat am nächsten Tag frei und braucht nicht so hart zu arbeiten. Ziehe den Weg mit einem Stift nach. Steigere dabei die Geschwindigkeit und setze dabei auch die linke Hand ein. Schaffst du es?

Rechne die Aufgaben aus und bilde von rechts nach links Dreiergruppen!

Suche dann diese Dreiergruppen im Bild unten und verbinde sie. Dabei müssen auch die verbleibenden Zahlen beachtet werden.

36 326 – 4 599 = ...

58 989 – 12 155 = ...

633 298 – 12 155 = ...

985 530 – 744 536 = ...

13 545 – 4 884 = ...

258 585 – 48 773 = ...

753 588 – 100 122 = ...

1 000 000 – 75 853 = ...

630 301 – 55 585 = ...

78 622 – 2 330 = ...

88 522 – 3 000 = ...

65 633 – 9 363 = ...

1 006 636 – 896 326 = ...

498 520 – 259 691 = ...

897 773 – 563 300 = ...

4 542 – 300 = ...

411 112 – 99 959 = ...

123 456 – 23 484 = ...

500 900 – 75 854 = ...

125 588 – 25 554 = ...

845 433 – 842 177 = ...

562 329 – 62 200 = ...

500 129 – 75 312 = ...

676 332 – 323 788 = ...

678 332 – 20 085 = ...

580 311 – 64 122 = ...

7 892 305 – 2 302 119 = ...

5 621 – 4 999 = ...

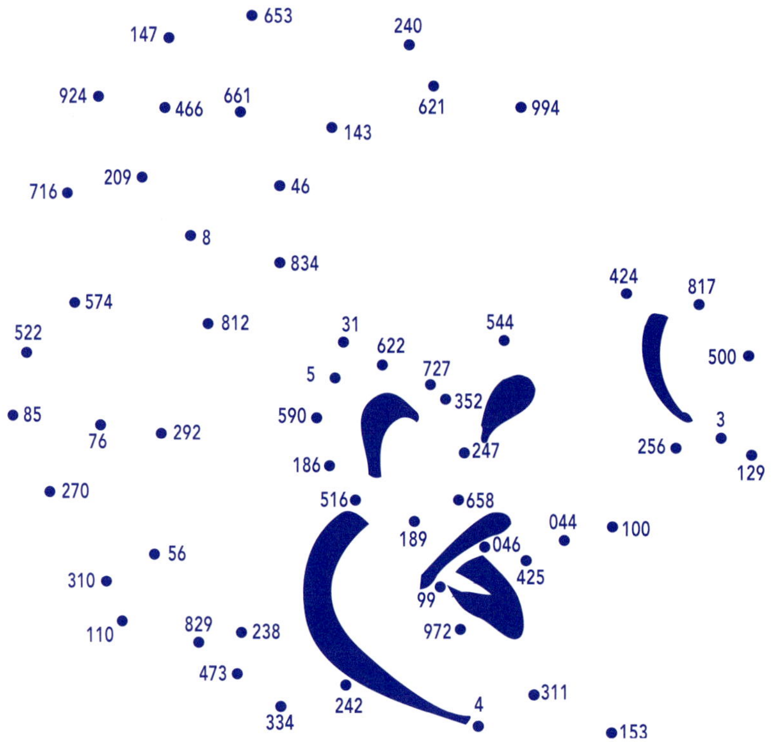

Wie geht es dir mit dem Dividieren?

Hier kannst du es spielerisch üben.

Rechne die Division in irgendeinem Kästchen aus.

Dann suche die Lösung. Dort im nächsten Kästchen ist wieder eine Division. Die neue Lösung musst du dann auch wieder suchen. Und wenn du nicht vergisst, immer die Punkte zu verbinden (am besten mit einem dicken Buntstift und einem Lineal), bekommst du ein interessantes Sternmuster.

Na, schon neugierig?

20 160 : 60 442 •	785 • 90 360 : 40	24 210 : 90 • 2259	• 269 14 490 : 90	91 120 : 80 •437
83 890 : 10 797 •	21 850 : 50 •8389	• 336 10 170 : 30	•161 23 240 : 70	39 840 : 80 339 •
664 • 23 910 : 30	•7845 35 360 : 80		1139• 52 080 : 60	21 150 : 50 • 498
• 2424 39 840 : 60	•450 48 480 : 20	95 680 : 10 563 •	88 540 : 20 •868	423 • 39 410 : 70
9568 • 15 700 : 20	78 450 : 10 1111•	331• 55 550 : 50	29 790 : 90 •4427	• 332 18 000 : 40

4 Visueller Bereich

Der visuelle Bereich ist für jeden Lernprozess von großer Bedeutung, da vor allem über die visuelle Ebene Informationen aufgenommen und weitergeleitet werden. Diese Feststellung gilt auch für das Rechnen. Das Lösen von Rechenaufgaben beginnt beim Lesen und mit dem Abschreiben der Aufgabe. Ist das visuelle System beeinträchtigt, so können sich bereits bei diesem Vorgang Fehler einschleichen. Das „Übersehen" einzelner Zahlen ist einer davon. Die Aufgabe wird dadurch verfälscht, und es kommt zu völlig neuen, verwirrenden Aufgabenstellungen. Weist man die Kinder beim Korrigieren auf das Fehlen der Zahl hin, bekommt man manchmal zur Antwort: „Das habe ich gar nicht gesehen!" Und diese Antwort kann tatsächlich völlig der Wahrheit entsprechen. Bei manchen Kindern bewegen sich die Augen ruckartig und sprunghaft, da sie nicht über eine kontinuierliche Augenbewegung verfügen. Unter solchen Bedingungen ist es sehr leicht möglich, dass Zahlen oder Bezeichnungen übersehen bzw. „übersprungen" werden. Dieselbe Problematik kann sich zeigen, wenn Zahlen zusammengefasst oder übertragen werden müssen. Dies gilt sowohl bei einfachen Rechenvorgängen wie Addieren als auch beim Lösen von Gleichungen, die bereits höhere Anforderungen an die Rechenfertigkeiten stellen. In allen Fällen ist es wichtig, dass alle Zahlen der Reihe nach erfasst werden und keine übersehen wird. Eine frei verfügbare **horizontale Augenbewegung** ist für das Lösen folgender Rechenaufgabe erforderlich:

$$134 + 23 + 908 + 451 + 9 =$$

Dagegen macht das Addieren untereinander geschriebener Zahlen eine **vertikale Augenbewegung** erforderlich:

$$\begin{array}{r} 134 \\ 23 \\ 908 \\ 451 \\ 9 \\ \hline \end{array}$$

Im **Bewegungsteil** des Förderprogramms für den visuellen Bereich finden Sie einige Übungsfolgen zum Trainieren der **Augenfolgebewegungen**. Da die Übungen immer mit Aufgabenstellungen verbunden sind, wird ihre Ausführung auch über einen längeren Zeitraum nicht langweilig. Einem hochgeworfenen Ball schaut man automatisch nach, um ihn wieder fangen zu können; dass damit die vertikale Augenbewegung trainiert wird, ergibt sich von selbst.

Neben den Übungsreihen zum Aktivieren der Augenfolgebewegung beinhaltet das Programm auch Übungsfolgen, die das **Fixieren** eines Gegenstandes schulen. Die Augen müssen für einen gewissen Zeitraum auf einem bestimmten Punkt verharren, damit der Informationsinhalt aufgenommen werden kann. Die Fähigkeit Dinge zu fixieren ist eine wesentliche Voraussetzung für die Durchführung aller Rechenaufgaben. Und gerade dieses Fixieren bereitet manchen Kindern große Schwierigkeiten. Immer wieder gleiten die Augen weg und die Kinder wissen nicht mehr genau, wo sie den Blickkontakt unterbrochen haben. Einzelne Rechenschritte müssen öfters wiederholt werden und ein Gefühl der Unsicherheit beginnt sich breitzumachen. Zum Aktivieren dieser Fertigkeit finden Sie im Bewegungsprogramm Übungsreihen, die das Anvisieren von Gegenständen erfordern, da gerade mit dieser Aufgabenstellung ein Fixieren zwangsläufig verbunden ist.

Das **binokulare Sehen**, das Sehen mit beiden Augen, möchte ich als weitere Komponente des visuellen Bereiches auch noch erwähnen. Zwar hat jeder Mensch ein dominantes Auge, aber das andere sollte den Sehprozess aktiv begleiten und nicht abgeschaltet werden. Manche Kinder können das nichtdominante Auge völlig abschalten. Da das abgeschaltete Auge nicht mehr mit dem anderen zusammenarbeitet, kann ein Schielen auftreten und im Extremfall kann ein Auge in den äußeren Augenwinkel „rutschen". Wird fast ausschließlich mit nur einem, nämlich mit dem dominanten Auge gearbeitet, so kommt es in vielen Fällen zu einem Drehen oder sogar Schieflegen des Kopfes. Der Schüler versucht so dem dominanten Auge ein größeres Gesichtsfeld zu verschaffen. Durch dieses Kompensieren mit der Kopfhaltung leidet das Raum-Lage-Bewusstsein. Sowohl das korrekte Unter- und Nebeneinanderschreiben kann dadurch negativ beeinflusst werden als auch das geometrische Vorstellungsvermögen. Es ist schon schwierig genug für die Schüler sich dreidimensionale Figuren zweidimensional vorzustellen. Mit schiefgelegtem Kopf wird das Vorstellungsvermögen nur noch zusätzlich unnötig belastet. Die **Arbeitsblätter** zeigen, wie in der zweidimensionalen Ebene das Fixieren und die Augenfolgebewegung geschult werden können. Bei der Ausführung der Aufgaben sollte auf eine gerade Kopfhaltung geachtet werden und die Aufgaben sollten ohne Zu-Hilfe-Nehmen der Finger gelöst werden. Auch die **Übungsblätter** aktivieren durch das Absuchen der Lösungsfelder den visuellen Bereich. Jede einzelne Zahl muss kurzfristig fixiert werden, damit man die entsprechende herausfinden kann. Das Gleiten der Augen über die verschiedenen Zahlen, die großflächig angeordnet sind, stabilisiert die Augenfolgebewegung.

TESTBLATT

Name:

Bemerkungen:

Verfolge nur mit den Augen jede Schlange vom Kopf bis zum Schwanzende. Am Schwanzende jeder Schlange siehst du einen Buchstaben. Trage ihn links in das Kästchen ein. Wie heißt die Lösung?

1
2
3
4
5
6
7
8
9
10

Bewegungsübungen

42 Augenbilder ●●

Setze dich deinem Partner gegenüber. Nun schaue dir eines seiner Augen an und beschreibe es ihm ganz genau. Beginne von außen und beschreibe weiter nach innen bis zur Pupille.

43 Zielblick ●●

Du stehst schräg neben deinem Partner. Dieser fixiert mit den Augen einen (nicht zu kleinen) Gegenstand im Raum und zeigt mit gestrecktem Arm und Zeigefinger darauf. Du sollst nun erkennen, welchen Gegenstand er fixiert. Du kannst dir die Sache erleichtern, indem du hinter deinen Partner gehst und ihm über die Schulter blickst.

Die Erklärung der Abkürzungen und Symbole findest du auf Seite 43!

44 Buntstiftpendel ●●

Bastle ein Pendel, indem du einen Buntstift an einen 50 cm langen Wollfaden anbindest. Nun hält dein Partner das Pendel so, dass sich der Stift etwa 30 cm vor deinem Gesicht und genau auf Höhe der Nase befindet.

1. Dein Partner bringt das Pendel von rechts nach links zum Schwingen. Du versuchst den Kopf ganz ruhig zu halten und nur mit den Augen dem Buntstift zu folgen.
2. Du legst dich mit dem Rücken auf den Boden. Dein Partner hält das Pendel im selben Abstand wie vorhin, nur schwingt er es jetzt quer zu deiner Augenachse. Du versuchst wiederum bei ganz ruhigem Kopf dem Buntstift mit den Augen von oben nach unten und wieder zurück zu folgen.
3. Dieselbe Ausgangsposition wie vorhin, nur lässt dein Partner das Pendel jetzt über deinem Kopf kreisen. Einige Male im Uhrzeigersinn, dann gegen den Uhrzeigersinn. Folge ihm wiederum mit den Augen.

45 Buntstiftbillard ●

Mache einen Tisch ganz frei. An einem Ende stellst du fünf Buntstifte auf, die als Ziele dienen. Vom anderen Ende weg stößt du einen Tischtennisball mit einem Buntstift als Queue in Billardmanier auf die Ziele: Daumen und Mittelfinger der linken Hand berühren sich an den Spitzen. Nun wird der Buntstift mit dem stumpfen Ende nach vorn durch den Spalt zwischen Mittelfinger und Zeigefinger geschoben. Bringe die Hand jetzt nahe an den liegenden Ball, hol mit der rechten Hand den Buntstift etwas zurück und stoße ihn gegen den Ball.
Wie viele Ziele kannst du bei fünf Versuchen treffen?

46 Blickfiguren ●●

Du hast drei geometrische Figuren zur Auswahl: einen Kreis, ein Dreieck und ein Quadrat, alle in der gleichen Größe, mit denen du (gegenüber deinem Partner verdeckt) auf einem Blatt Papier eine große Figur zeichnest, etwa ein Männchen, einen Turm, ein Phantasiegebäude, usw. Nun deutest du deinem Partner, der die Figur nicht kennt, durch kreisende Augenbewegungen bzw. Augenbewegungen im Viereck und im Dreieck die Figur an, die er auf sein Blatt zeichnen soll.
Dann sagst du ihm, aus wie vielen einzelnen Elementen die Figur besteht und wie er die einzelnen Elemente anordnen soll. Erkläre ihm auf diese Weise exakt deine Figur, sodass er diese möglichst genau auf sein Blatt übertragen kann. Dann vergleicht eure „Blickfiguren“.

47 Augenwürfeln ●●

Spiele mit deinem Partner ein beliebiges Würfelspiel, jedoch mit folgenden Regeln: Ihr würfelt jeweils versteckt, sodass der Partner die Zahl des anderen nicht erkennen kann. Deine gewürfelte Zahl deutest du deinem Partner durch Augenbewegungen in beliebiger Richtung an und er führt dann deine Figur auf dem Spielfeld für dich weiter (zum Beispiel Augen rechts – links – rechts = Zahl 3; Augen von links oben nach rechts oben nach rechts unten nach links unten nach links oben = Zahl 4, usw.) Wenn der Partner die Zahl erkannt hat, wird zur Kontrolle der Würfel aufgedeckt.

48 Ballsprint ●●

Du stehst mit dem Rücken zu deinem Partner und schaust geradeaus. Dieser wirft dir einen Ball immer wieder auf eine andere Art zu: über dich; seitlich neben dir vorbei; er prellt ihn neben dir vorbei; er rollt ihn zwischen deinen Beinen durch; er rollt ihn seitlich an dir vorbei usw. Sobald du den Ball vor dir erblickt hast, sprintest du los und versuchst ihn zu fangen (oder aufzuheben), bevor er eine bestimmte Markierung erreicht hat.

S 1: Anstatt loszusprinten, sollst du dem Ball auf einem Bein hüpfend folgen.

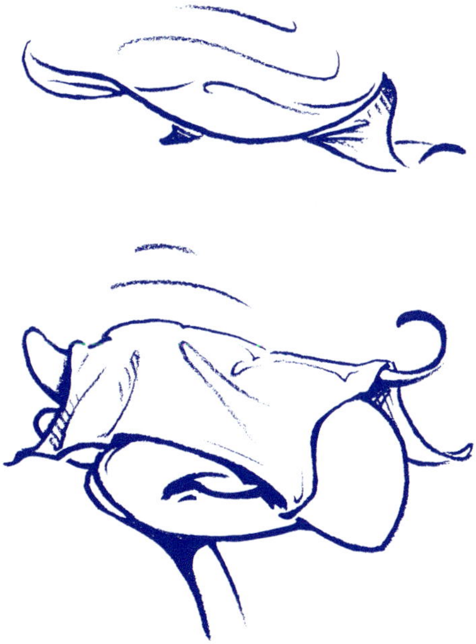

49 Fliegende Mütze ●

Nimm ein Stofftuch und knülle es zusammen. Dann wirf es möglichst hoch über dich in die Luft. Lass es dabei nicht aus den Augen. Nun stell dich unter das Tuch, sodass es sich im Herunterfallen auf deinem Kopf ausbreitet.

S 1: Wirf zwei Tücher in kurzem Abstand nacheinander hoch und lass beide sich über deinem Kopf ausbreiten.

50 Klickeball ●●

Du sitzt am Tisch. Dein Partner lässt vor dir von hoch oben einen Tischtennisball (oder Flummi) auf die Tischplatte fallen. Beobachte genau, wie oft der Ball aufspringt. Sag jedesmal „eins, zwei, drei, ...“ exakt in dem Moment, wenn der Ball die Tischplatte berührt.

51 Zimmertennis ●

Du benötigst einen Tischtennisschläger und einen weichen, kleineren Schaumstoffball. Spiele den Ball mit dem Schläger vor dir hoch auf, lass ihn einmal am Boden aufspringen, dann spiele ihn wieder hoch auf. Wie oft gelingt dir das hintereinander? Wenn du es sowohl mit der linken als auch mit der rechten Hand mindestens zehnmal schaffst, kannst du zur nächsten Schwierigkeitsstufe übergehen:

V 1: Spiele den Ball immer nur mit dem Schläger hoch, ohne dass er zwischendurch den Boden berührt. Schaffst du auch das mit linker und rechter Hand je mindestens zehnmal, dann gehe zur nächsten Schwierigkeitsstufe:

V 2: Spiele den Ball mit dem Schläger gegen die Wand, lass ihn dann einmal am Boden aufspringen und spiele ihn gleich wieder gegen die Wand, usw. Gelingt auch das rechts und links mindestens je zehnmal, erreichst du die höchste Schwierigkeitsstufe:

V 3: Spiele den Ball mit dem Schläger immer nur aus der Luft gegen die Wand, ohne dass er zwischendurch den Boden berührt. Wenn du auch das zehnmal hintereinander mit links und rechts schaffst, bist du ein Zimmertennismeister!

52 Ball über die Schnur

Es wird in Kopfhöhe eine Schnur gespannt. Zwei Mannschaften zu je zwei bis vier Spielern stehen sich rechts und links der Schnur gegenüber. Jede Mannschaft bestimmt geheim einen General, einen Hauptmann (wenn mehr Spieler mitspielen, auch einige Soldaten). Ein Ball wird nun über die Schnur zur anderen Mannschaft geworfen. Wenn diese den Ball direkt aus der Luft fangen kann, wird ihr eine gewisse Punktzahl zugesprochen, je nachdem, wer ihn gefangen hat: General = 4 Punkte, Hauptmann = 3 Punkte, Soldat = 1 Punkt. Die Punkte werden nach jedem gültigen Fang addiert und dann wird der Ball zur gegnerischen Mannschaft zurückgeworfen. Nach jeweils fünf Würfen muss jede Mannschaft ihren aktuellen Punktestand bekanntgeben. Die Mannschaft, welche als erste 50 Punkte erreicht, hat gewonnen. Beim nächsten Spiel werden die Rollen getauscht.

Würfel (auch zum Anmalen)

Einfach beide Seite kopieren, anmalen und ausschneiden.
An den Laschen zu einem Würfel zusammenkleben und würfeln ...

Du oder dein Partner machen die Übung, die beim Würfeln obenauf liegt.
Viel Spaß!

Jemand ist mit seinen schmutzigen Schuhen durch das Haus gelaufen!

Kannst du nur mit den Augen seinen Schritten folgen? Wieviele sind es?

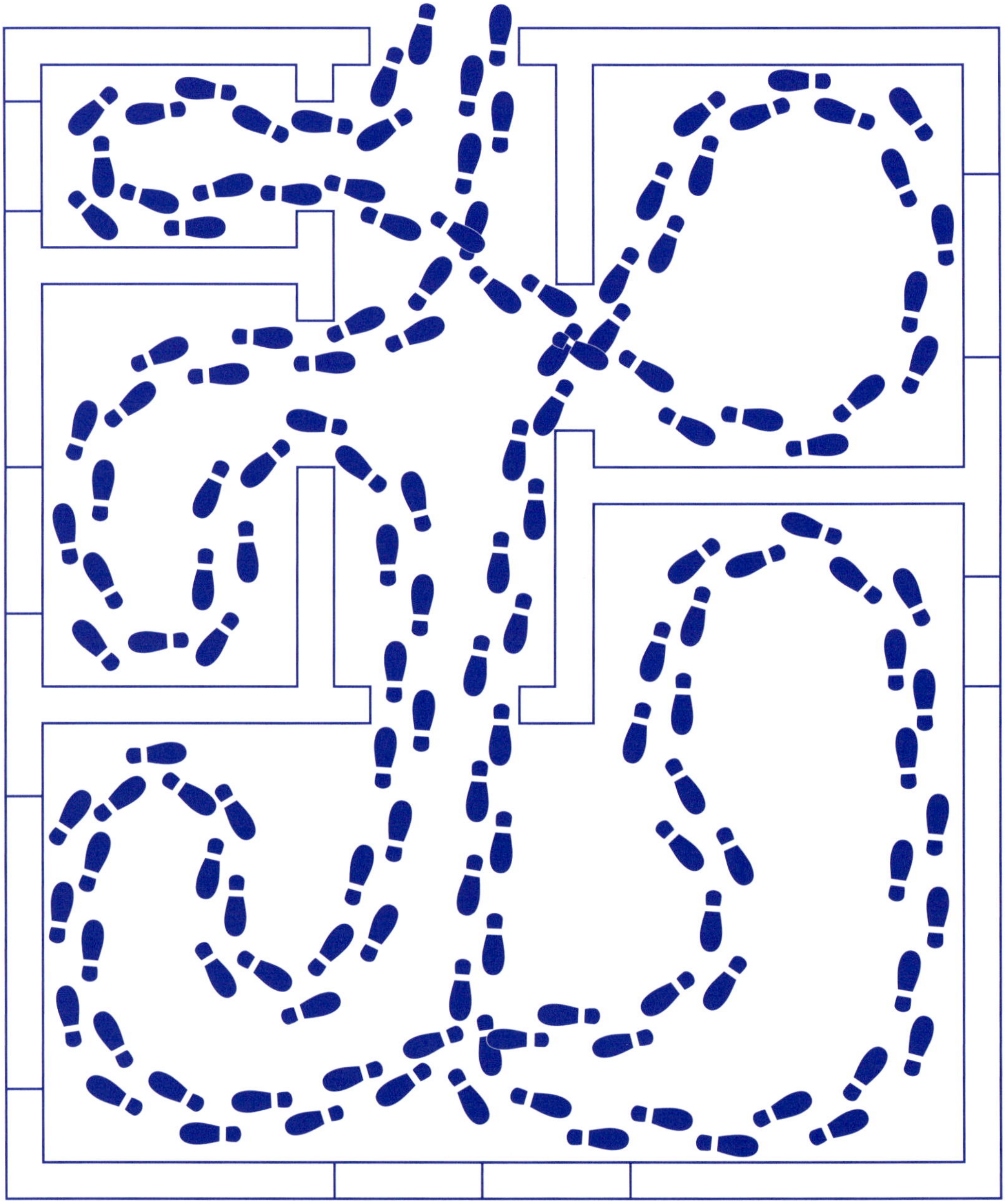

Welcher Weg führt zum Kakadu?

Was glaubst du?

Ist es der schwarze oder der weiße Weg?

Oder sind es vielleicht beide?

Wenn du beim K links oben anfängst

... und von dort aus immer auf einer geraden, durchgezogenen Linie zum darauf folgenden Buchstaben gehst, erfährst du etwas über die lustigen Vögel rechts unten.

Die Kakadu-Scheibe!

Den Kreis vergrößert kopieren und in 16 Teile schneiden.

Versuche den Kreis mit Hilfe der angegebenen Gewichtsangaben wieder zusammenzusetzen. Aber Vorsicht! Bestimmte Gewichte können in verschiedenen Einheiten angegeben werden.

5 Selektive Aufmerksamkeit

Über selektive Aufmerksamkeit verfügen heißt seine Aufmerksamkeit bewusst lenken zu können, je nachdem, welcher Aspekt gerade Vorrang hat. Addiere ich mehrstellige Zahlen, so muss meine Aufmerksamkeit zuerst auf die Ziffern, die an **letzter** Stelle stehen, gerichtet sein.

13**4** + 2**3** + 90**8** + 45**1** + **9** =

Nun lenke ich die Aufmerksamkeit auf die **vorletzten** Ziffern. Sie werden von den anderen durch meine selektive Aufmerksamkeit abgehoben.

1**3**4 + **2**3 + 9**0**8 + 4**5**1 + **.**9 =

So fahre ich Schritt für Schritt fort. Durch meine selektive Aufmerksamkeit hebe ich immer wieder andere Faktoren aus dem Hintergrund hervor. Diese Fähigkeit des Hervorhebens und des Unterscheidens wird schon sehr früh in der kindlichen Entwicklung auf der Körperebene angelegt.

Wenn das Kind beginnt nach Gegenständen zu greifen, wird **eine** Muskelkette in einen höheren Spannungszustand versetzt als die umgebenden, an der Bewegung nicht beteiligten Muskeln. Auf diese Weise lernt der Körper das Herausheben bestimmter Faktoren aus seiner Umgebung. Erst wenn auf der Körperebene diese Selektion erfahren wurde, kann sie auch auf den auditiven oder den visuellen Bereich umgesetzt werden.

Die Kinder sind fähig vorgegebene Faktoren aus einer Geräuschkulisse herauszuhören. Das kann das Hupen eines Autos, das Signalhorn eines Schiffes, das Rattern einer Eisenbahn oder jedes andere vorher festgelegte Geräusch sein. Auch auf der visuellen Ebene funktioniert die Selektion nach vorher bestimmten Kriterien. So werden zum Beispiel zuerst alle Einer, dann alle Zehner usw. zusammengezählt; oder zuerst alle x mit der Hochzahl 2, dann alle x mit der Hochzahl 3 usw.

Haben Kinder auf der Körperebene dieses Hervorheben bestimmter Muskelketten in Bezug auf ihre Umgebung nie richtig erfahren, so haben sie sehr oft auch im auditiven und visuellen Bereich Probleme mit dem Herausheben bestimmter Faktoren. Dieses Defizit konnte vor allem bei hypermotorischen Kindern sehr häufig beobachtet werden. Diese Kinder weisen generell einen sehr hohen Muskeltonus auf, wobei besonders der Hals- und Nackenbereich verspannt ist.

Durch den allgemein hohen Tonus der Muskulatur ist es für diese Kinder sehr schwierig, ein Ansteigen des Spannungszustandes einzelner Muskeln zu spüren. Die durch einzelne Bewegungen aktivierten Muskeln heben sich nicht deutlich genug von ihrer Umgebung ab.

TESTBLATT

Name:

Überprüfen der selektiven Aufmerksamkeit

Unser Kakadu hat sich in sich selbst verwirrt!

Kannst du ihn vollständig sehen und anmalen?

Bewegungsübungen

53 Bewegte Geschichten

Sucht euch aus einem Buch eine Kurzgeschichte heraus, die dir dein Partner vorliest. Bei jedem vorgelesenen Wort, das mit großem oder kleinem A beginnt, musst du aufstehen. Bei jedem Wort, das mit großem oder kleinem E beginnt, musst du dich auf den Sessel knien. Bei jedem Wort, das mit großem oder kleinem K beginnt, musst du dich auf den Boden setzen. Wenn dein Partner ein schneller Leser ist, kann er dich ganz schön ins Schleudern bringen.

54 Rad fahren

Dein Partner und du liegen auf dem Rücken, mit den Füßen zueinander. Rückt so nahe zusammen, dass ihr bei abgewinkelten Beinen die Fußsohlen gegeneinander drücken könnt. Nun führst du langsam gegen sehr geringen Widerstand des Partners Radfahrbewegungen aus. Während du vorwärts strampelst, muss dein Partner im Rückwärtsgang radeln. Dafür wechselt ihr nach 20 Kurbeltritten die Fahrtrichtung. Achtet darauf, dass ihr nie den Kontakt zwischen den Fußsohlen verliert.

Die Erklärung der Abkürzungen und Symbole findest du auf Seite 43!

55 Ballaufzug ●●

Du hast in jeder deiner (leicht gewölbten) Handflächen einen Tennisball liegen. Dein Partner fasst dich mit einer Hand am rechten Handgelenk und führt nun langsam deine Hand hoch und tief, vor und zurück, nach rechts und nach links. Du sollst mit der linken Hand der rechten immer im gleichen Abstand folgen, ohne dass du einen der Bälle verlierst.

56 Jockey ●●

Du stehst vor deinem Partner und hältst in jeder Hand das Ende eines Springseils. Dein Partner hinter dir hält das Seil mit beiden Händen und führt dich mit Zügelkommandos durch den Raum: Je fester der Zug in eine Richtung erfolgt, desto stärker soll die Richtungsänderung ausfallen. Zug auf beiden Seiten gleichzeitig bedeutet: langsamer werden, starker Zug beidseitig bedeutet: Halt! Lass dich von deinem Jockey rund um drei weit auseinander stehende Sessel führen. Traust du dich das auch mit verbundenen Augen?

57 Enttarnung (Wer ist der Boss?)

Eine Gruppe von vier oder mehreren Spielern stellt sich rund um dich. Sie haben einen Anführer bestimmt, den du aber nicht kennst. Dieser „Boss" gibt der Gruppe Bewegungen vor, die von den anderen Gruppenmitgliedern sofort mitgemacht werden. Du sollst nun genau beobachten und herausfinden, wer der Boss ist.

58 Querdrücken

Du stehst deinem Partner gegenüber. Ihr legt zwischen euch die jeweils rechten Handflächen mit den Fingerspitzen nach oben aneinander und versucht für fünf Sekunden die Hand des Partners nach hinten zu drücken. Dann folgen für fünf Sekunden die linken Handflächen, dann für fünf Sekunden beide Hände gleichzeitig.

59 Ich seh etwas, was du nicht siehst

Dein Partner sieht sich im Raum um und benennt die Farbe eines von ihm ausgewählten Gegenstandes: „Ich seh etwas, was du nicht siehst, und das ist rot." Du musst dich nun durch alle roten Gegenstände im Raum raten, bis du den richtigen gefunden hast. Dann wird gewechselt.

60 Rechenball

Du hast vier verschieden große Bälle vor dir liegen. Nimm einen davon und prelle ihn beliebig oft. Dein Partner und du zählen mit, ihr behaltet die geprellte Zahl im Kopf. Dann leg diesen Ball zurück und nimm einen anderen Ball, den du wieder beliebig oft prellst. Ihr zählt wieder still für euch mit. Wenn der zweite Ball größer ist als der erste, muss dein Partner die beiden geprellten Zahlen addieren. Ist der zweite Ball kleiner als der erste, muss der Partner die geprellte zweite Zahl von der ersten subtrahieren. Dann nimm den nächsten Ball und mach weiter nach diesem Muster.

V 1: Schreibe eine längere Rechenaufgabe mit mehreren Additionen und Subtraktionen auf ein Blatt Papier. Nun soll dein Partner diese Rechenaufgabe „nachspielen“, indem er wie vorhin zu größeren und kleineren Bällen greift und die vorgegebenen Zahlen prellt.

61 Armdrücken

Du sitzt deinem Partner am Tisch gegenüber. Ihr habt den rechten Ellbogen aufgestützt, den Unterarm 90° abgewinkelt, eure rechten Hände liegen so ineinander, dass ihr mit Daumen und Fingern jeweils den Daumen und Daumenballen des Partners umfasst. Nun versucht jeder den Handrücken des anderen auf die Tischplatte zu drücken. Wem das gelingt, der hat gewonnen. Die Revanche wird mit den linken Händen durchgeführt.

62 Spüremuskelspiele

Dein Partner steht hinter dir. Zeige- und Mittelfinger seiner rechten Hand symbolisieren die Beine eines Männchens, das über deinen Rücken läuft. Wenn das Männchen auf deinem Rücken abwärts marschiert, sollst du dich niederhocken; marschiert es aufwärts, stehst du auf. Läuft es seitwärts, sollst du dich auf alle Viere begeben. Und jetzt aufgepasst: Wenn das Männchen springt, sollst du dich in der gerade eingenommenen Stellung vorwärts bewegen, und zwar so lange, bis es dir wieder durch Marschieren in eine bestimmte Richtung eine neue Position angibt.

63 Brunnenschöpfen

Du stehst mit deinem Partner Rücken an Rücken. Streckt die Arme nach hinten, bis sie sich mit denen des anderen überkreuzen, hängt die Arme bei der Ellbogenbeuge ein und hakt euch fest. Nun beugt sich der eine langsam nach vorn, wodurch er den anderen vom Boden abhebt. Dieser zieht nun beide Knie nach oben, sodass er nicht mit hohlem Kreuz in der Luft hängt. Wenn er dann wieder Boden unter den Füßen hat, geht er seinerseits in die Vorlage und hebt somit den anderen hoch. Dieses Heben und Gehobenwerden erfolgt im rhythmischen Wechsel.

64 Alles, was Flügel hat, fliegt

Mindestens zwei Spieler (zu viele können es gar nicht sein) sitzen am Tisch. Einer gibt vor: „Alles, was Flügel hat, fliegt!“ Während des Satzes „Alles, was Flügel hat“ trommeln die Spieler mit den Handflächen abwechselnd auf die Tischkante, bei „fliegt“ werden rasch beide Hände gleichzeitig über den Kopf gehoben. Dann folgt die Ansage eines Gegenstandes, während wieder von allen getrommelt wird, zum Beispiel: „Das Flugzeug fliegt.“
Während der Benennung eines immer aufs neue wechselnden Gegenstandes (hier: „das Flugzeug“) trommeln alle mit den Handflächen auf die Tischkante, bei „fliegt“ hebt zunächst nur der Ansager beide Hände über den Kopf, um die anderen irrezuführen. Die Mitspieler müssen blitzschnell entscheiden: Fliegt der genannte Gegenstand tatsächlich, dann werden die Arme ebenfalls über den Kopf gehoben. Hat der Ansager jedoch einen Gegenstand genannt, der nicht fliegt, so müssen alle mit den Handflächen weitertrommeln. Beispiel: Alles, was Flügel hat, fliegt.
Der Hubschrauber fliegt.
Der Mistkübel fliegt.
Die Taube fliegt.
Der Hans fliegt, usw.

Puzzle

Seiten kopieren, anmalen und entlang der dünnen Linien zerschneiden. Alle Puzzleteile durcheinander mischen und offen auflegen. Du kannst

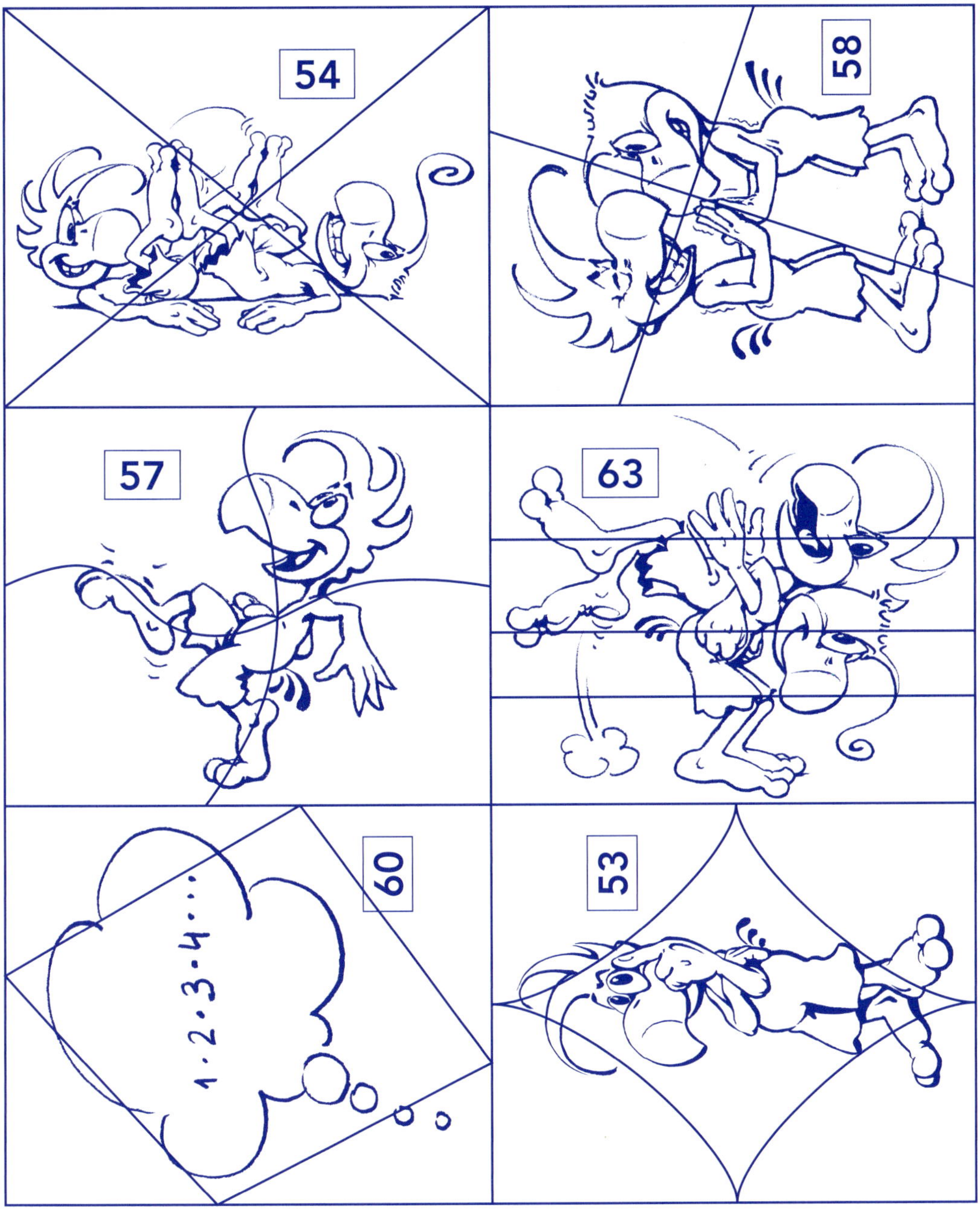

zusammen mit deinem Partner spielen (oder auch allein). Turnst du die Übung einmal, erhälst du ein Puzzleteil. Turnst du die Übung viermal, ist das dazugehörende Bild komplett. Für die Ausführung der Übung brauchst du mehr als eine Woche.

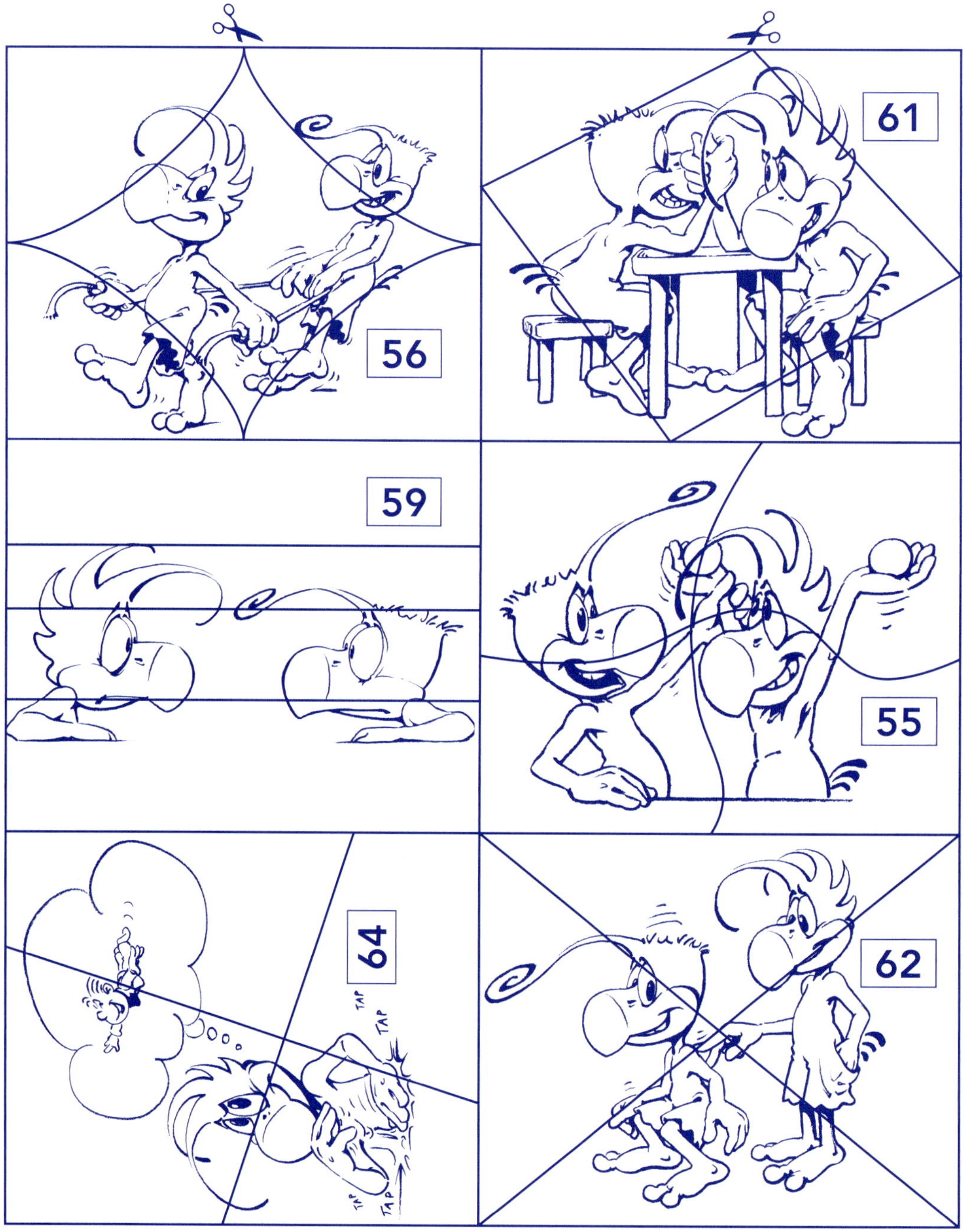

Wie viele Fische kannst du sehen?

Möchtest du es genau wissen, dann male nur jene Flächen bunt an, die eine echte Luftblase enthalten (einen nicht gefüllten Kreis).

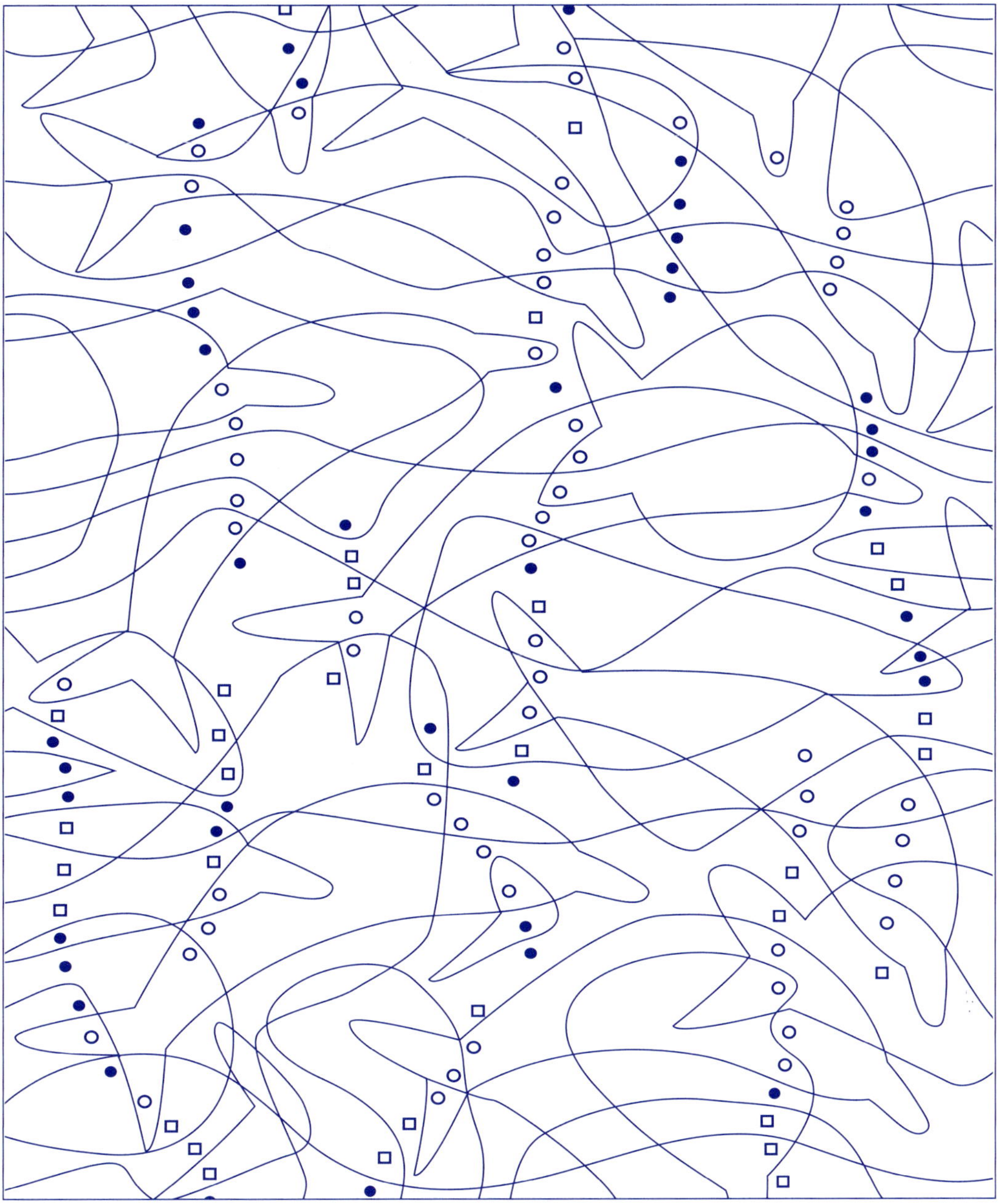

So ein Linienchaos!

Doch schau genau, dann wirst du die Ziffern 1 bis 0 entdecken.

Wo sind die Kakadus?

Auf dieser Seite haben sich vier verschiedene Kakadus versteckt. Schreib in das dafür vorgesehene Kästchen, wie viele du von jedem Kakadu sehen kannst.

Finde die Drei!

Auf dieser Seite findest du die Zahlen 3, 6, 9, 8 und 0. Zähle. Wie oft kommt die 3 vor?
Schreibe die Lösung in das Kästchen! ☐

Viele Linien, einige Zahlen und 15 Divisionen.

Jetzt brauchst du nur noch einen dunklen Filzstift.

Denn mit dem malst du die Flächen aus, in denen die Zahlen stehen, die du bei den Divisionen erhalten hast.

324 : 9 =	**165 : 5 =**	**141 : 3 =**
296 : 8 =	**288 : 6 =**	**387 : 9 =**
266 : 7 =	**230 : 5 =**	**252 : 6 =**
216 : 9 =	**228 : 3 =**	**287 : 7=**
189 : 7 =	**390 : 5 =**	**176 : 8 =**

6 Umgehen mit **abstrakten Symbolen**

Bereits die zweite Stufe des mathematischen Erfassens, das bildliche Darstellen, erfordert das Umgehen mit Symbolen. Zwar haben die Zeichnungen noch große Ähnlichkeit mit den realen Dingen, stellen aber trotzdem bereits symbolähnliche Abbildungen dar.

Vor allem Kinder, die vorwiegend mit der rechten Gehirnhälfte arbeiten, haben beim Ver- und Entschlüsseln von Symbolen Schwierigkeiten. Für sie gelten nur reale Äpfel als Äpfel, mit gezeichneten Äpfeln verbinden sie nur schwer die konkreten Früchte. Sehen sie nun drei **gezeichnete** Äpfel, so können sie diese in der Vorstellung nur unzureichend als Äpfel entschlüsseln. Noch schwieriger wird es für sie, wenn an Stelle der drei gezeichneten Äpfel das abstrakte Symbol 3 angeschrieben steht.

Schritt für Schritt müssen die Kinder an das Handhaben von Symbolen herangeführt werden: zuerst über Bewegungsübungen, dann über das Bearbeiten von Arbeitsblättern. Bei den **Bewegungsübungen** müssen sie zum Beispiel vorgegebenen Symbolen ganz bestimmte Bewegungen zuordnen: dem Heben der Hand ein Laufen nach vorne, einer roten Farbkarte das Laufen nach rückwärts und einem Klatschen das Laufen zur Seite. In spielerischer Form entschlüsseln (= dekodieren) sie auf diese Weise beliebig gewählte Symbole. Dürfen sie sich selbst Symbole für bestimmte Bewegungen ausdenken und der Mitspieler muss sie entsprechend zuordnen, so kommen sie in den Prozess des Verschlüsselns (= kodieren).

Für die **Arbeitsblätter** bietet sich das Erfinden und „Lesen" von Geheimschriften an. Das Kodieren und Dekodieren abstrakter Symbole kann bei dieser Aufgabenstellung sehr gut geübt werden. Die Kinder erkennen, dass bestimmten Symbolen immer die gleiche Bedeutung zugeordnet wird und man anhand von Symbolen längere Bedeutungsinhalte zusammenfassen und vereinfacht darstellen kann.

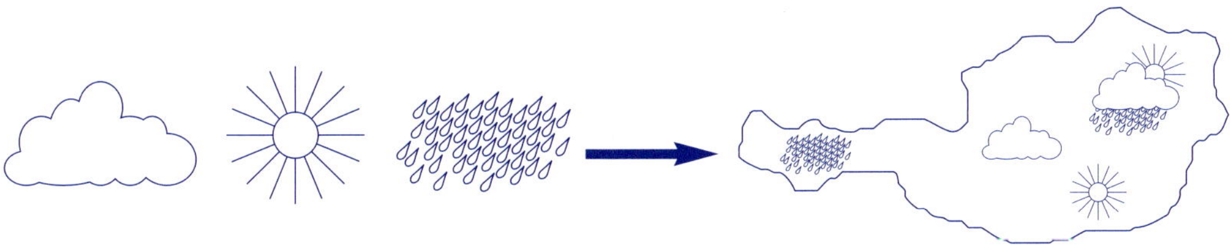

Auch das Darstellen einzelner Buchstaben durch bestimmte Fingerstellungen entspricht diesem Kodieren und Dekodieren. Die Taubstummensprache hat andere Symbole für „Buchstaben" als zum Beispiel die Blindenschrift oder unser herkömmliches Alphabet.

A 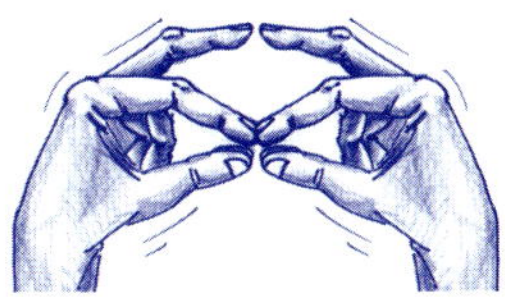

Ist der Schüler mit dem Einsatz von Symbolen allgemein vertraut, wird er auch mit Ziffern als Symbolen für bestimmte Mengen und mit den Rechenoperationszeichen besser zurechtkommen.

7 bedeutet ■■■■■■■

+ bedeutet etwas dazugeben

– bedeutet etwas abziehen

Bereitet das bloße Zuordnen von Symbolen keine Schwierigkeiten mehr, so kann zu der Ausführung von Rechenoperationen mit abstrakten Symbolen übergegangen werden.

7 + 3 =

Name:

Bemerkungen:

TESTBLATT

Mit abstrakten Symbolen umgehen lernen:

Die Ziffern 1, 2, 3, ... 0 haben ganz bestimmte Zeichen. Kannst du sie in den unteren Zeilen möglichst rasch einzeichnen?

1	2	3	4	5	6	7	8	9	0
^	x	!	o	3	=	—	?	/	·

9	1	4	2	5	3	6	9	0	8	7	7	8	4	5	2	1	1

4	3	5	1	2	8	6	9	3	0	7	8	7	6	3	5	2	9

8	0	0	5	6	0	4	5	3	7	7	2	1	3	4	2	8	9

4	4	3	5	6	5	5	2	7	8	9	8	0	1	2	9	8	4

8	7	6	9	5	0	4	3	1	2	6	2	9	1	7	6	5	2

6	0	9	0	0	9	8	1	2	5	4	4	9	4	2	8	6	7

6	5	7	3	4	2	4	1	4	8	0	9	8	9	4	5	3	3

0	1	9	4	3	2	7	8	6	5	4	7	8	3	2	0	3	1

Bewegungsübungen

65 Wortspiele ●●

Du vereinbarst mit deinem Partner symbolische Bewegungen für bestimmte Zahlen. Erfinde eine kurze Geschichte, in der 4 beliebige Worte sehr häufig vorkommen sollen. Zum Beispiel: Frau, Waldi, Baum und Ball: Frau Müller ging mit ihrem Hund Waldi in den Park. Waldi war ein echter Fußballfan und liebte das tägliche Training mit seinem Frauchen. Dieses stellte sich zwischen zwei Bäume, welche die Torpfosten markierten, und los ging es: Frau Müller war die Torfrau und Waldi der Stürmer. Unglücklicherweise prallte der Ball aber gleich beim ersten Schuss von Frau Müllers Stirn ab, flog steil in die Höhe und blieb in den Ästen eines sehr hohen Baumes hängen. Was nun? Frau Müller schob die Parkbank zum Baumstamm und kletterte mutig ins Geäst. Als sie sich schon knapp an den Ball herangearbeitet hatte, brach plötzlich ein Ast. Sie stürzte auf einen darunterliegenden, in dem sie sich hoffnungslos verfing und weder vor noch zurück konnte. Durch die Erschütterung wackelten die Äste des Baumes, und so kam es, dass der Ball wieder zu Waldi herunterfiel. „Schöne Bescherung", dachte Waldi, „ich habe zwar meinen Ball wieder, aber dafür hängt mein Frauchen im Baum."

Nun finde für jedes markierte Wort eine Zahl, die du mit den Fingern einer Hand anzeigst, z.B.: Frau = 1, Waldi = 2 usw. Wenn dein Partner die Geschichte vorliest, zeigst du jedesmal, wenn ein markiertes Wort vorkommt, die dafür stehende Zahl an. Dann liest du die Geschichte vor und zeigst jedesmal, wenn ein markiertes Wort vorkommt, nur die zugeordnete Zahl, dein Partner soll dann das Wort aussprechen.

V 1: Findet für jedes markierte Wort eine Geste, die dieses Wort symbolisiert, und verfahrt genauso mit Vorlesen und Einsetzen.

Die Erklärung der Abkürzungen und Symbole findest du auf Seite 43!

66 Zahlensprünge

Du vereinbarst mit deinem Partner symbolische Bewegungen für bestimmte Zahlen. Zum Beispiel könnte ein beidbeiniger Sprung für einen 10-er stehen, ein einbeiniger Sprung für einen 1-er. Die Zahl 35 wäre dann so darzustellen: 3 mal beidbeinig springen und 5 mal einbeinig springen. Beide Hände über dem Kopf zusammenklatschen bedeutet „+", beide Hände zeigen auf dich bedeutet: „=". Nun stellt dein Partner eine längere Rechnung auf einem Blatt Papier zusammen, die er dir dann vorturnt. Du schreibst die Rechnung mit und wenn du das Ergebnis hast, wird verglichen. Erfindet je nach eurem Rechenkönnen weitere Bewegungssymbole für andere Rechenoperationen: Bewegungen für Subtrahieren, Multiplizieren oder Dividieren.

68 Heiß – kalt

Du suchst dir einen Gegenstand im Raum aus, den du aber nicht verrätst. Deinen Partner, der diesen Gegenstand suchen und berühren soll, leitest du durch die Ansagen „heiß" bis „kalt" und natürlich alle Zwischenformen, die dir einfallen und die gerade passen (warm, sehr warm, siedend heiß, kühl, eiskalt ...), zu dem Gegenstand hin. Bewegt er sich in die richtige Richtung auf den Gegenstand zu, wird es immer „wärmer", entfernt er sich beim Suchen wieder davon, wird es „kälter".

67 Finger-Abc

Erfindet ein Finger-Abc. Dann „funkt" eurem Partner Botschaften, die dieser entschlüsseln soll.

V 1: Spielt „Ich pack in meinen Rucksack ...", indem ihr jedes neue Wort, das dazukommt, im Finger-Abc schreibt. Beim Wiederholen sprecht ihr alle Gegenstände aus.

69 Symbolwürfeln ●●

Spiele mit einem oder mehreren Partnern ein beliebiges Würfelspiel, jedoch mit folgenden Regeln: Ihr würfelt versteckt, sodass die anderen die Zahl nicht erkennen können. Die gewürfelte Zahl deutest du dem Spieler, der nach dir an die Reihe kommt, durch eine symbolische Handbewegung an. Dieser führt dann seinen Spielstein am Brett weiter und würfelt seinerseits wieder für den nächsten Spieler. Wenn die Handbewegung erkannt wurde, wird der Würfel zur Kontrolle aufgedeckt. Legt vor dem Spiel die Handbewegungen, welche die 6 Seiten des Würfels symbolisieren, gemeinsam fest (z.B: Faust öffnen und schließen = 1, mit der Hand leicht aufs Ohr klopfen = 2, usw.).

70 Ballonrechnen ●

Du sollst drei verschiedenfarbige Luftballons durch Antippen mit den Händen in der Luft jonglieren. Jedem Luftballon ist eine Zahl zugeordnet.

Beispiel: roter Luftballon = 1,
blauer Luftballon = 2,
gelber Luftballon = 5.

Bei jedem Antippen sollst du die Zahl, die der Ballon symbolisiert, dazu addieren.

71 Luftballon-Diktat ●

Nimm 2 verschiedenfarbige Luftballons und ordne jedem davon einen beliebigen Buchstaben zu (z.B. roter Luftballon = A, blauer Luftballon = K). Nun jongliere die Luftballons durch Antippen mit den Händen in der Luft. Bei jeder Berührung musst du schnell ein Wort finden, das mit dem vom jeweiligen Luftballon symbolisierten Buchstaben beginnt.

72 Rechenball ●

Du hast 4 verschieden große Bälle vor dir liegen. Nimm einen davon und prelle ihn beliebig oft. Dann leg ihn zurück und nimm einen anderen Ball, den du wieder beliebig oft prellst. Wenn dieser Ball größer als der erste ist, muss dein Partner die geprellte Zahl addieren. Ist dieser Ball kleiner als der erste, muss er die geprellte Zahl subtrahieren. Dann nimm den nächsten Ball. Auch bei diesem und allen weiteren Bällen verfahrt ihr genauso.

V 1: Schreibe eine längere Rechenzeile mit mehreren Additionen und Subtraktionen auf ein Blatt Papier. Nun soll dein Partner diese Rechnung nachspielen, indem er wie vorhin zu größeren und kleineren Bällen greift und die vorgegebenen Zahlen prellt.

Animationswürfelspiel (auch zum Anmalen)

Für einen oder mehrere Spieler. Nimm beliebige Spielsteine und einen Würfel. Jeder darf nur einmal würfeln und muss danach die gewürfelte Punkteanzahl ziehen. Die nummerierten Felder sind Übungen, die im Buch beschrieben sind. Wenn du auf solch ein Feld kommst, musst du diese Übung machen. Die Symbole findest du links unten erklärt. Wer ist zuerst im Ziel?

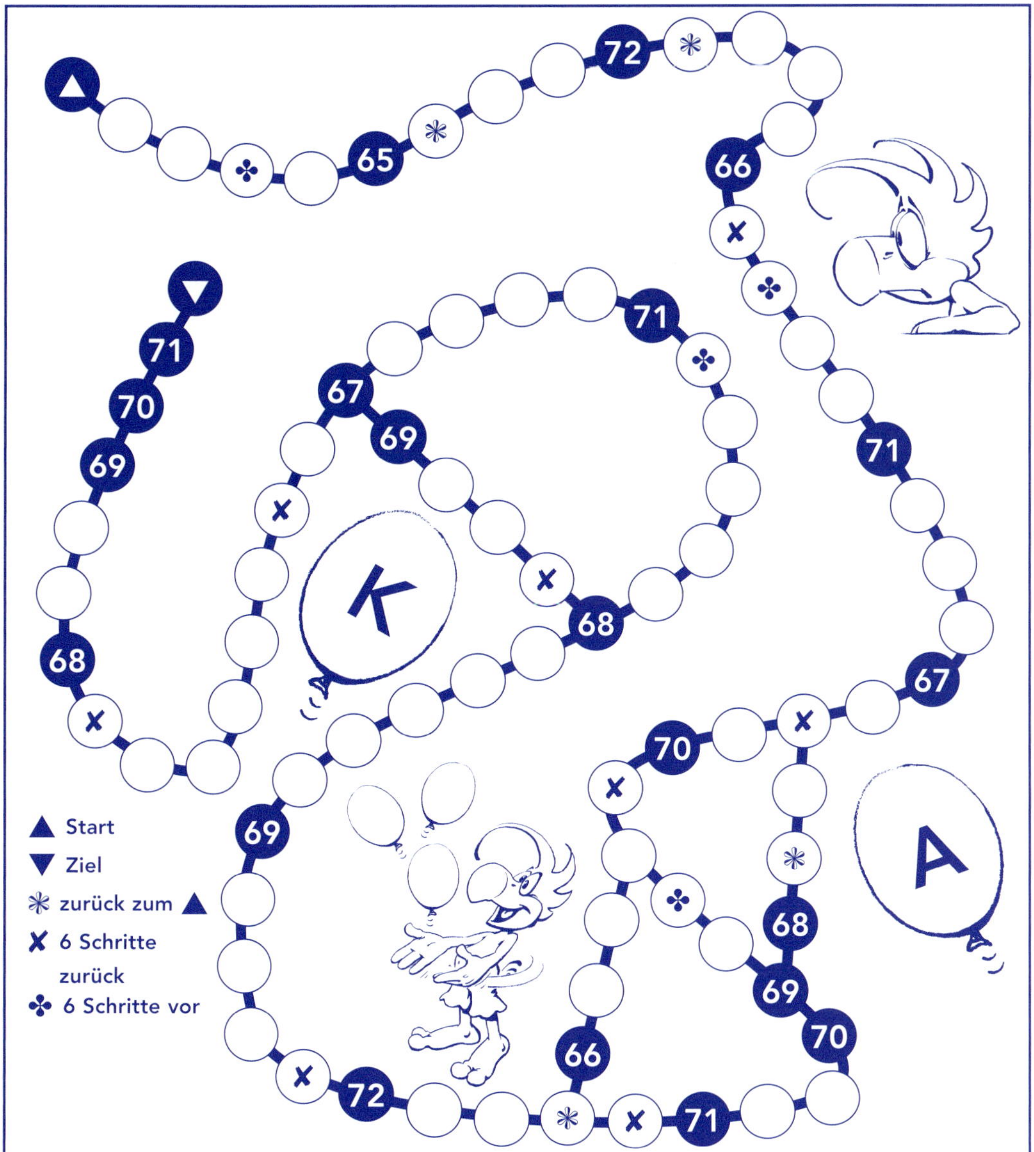

Symbolverbindungen

Bei diesem Spiel sollst du immer zwei Symbole verbinden.
Das eine Symbol gehört der Buchstabenreihe von A bis E an,
das andere der Zahlenreihe von 1 bis 5.
Fünf Symbolverbindungen hat Ka Kadu dir schon gezeichnet.
Wie sehen die anderen aus? Zeichne sie ein!

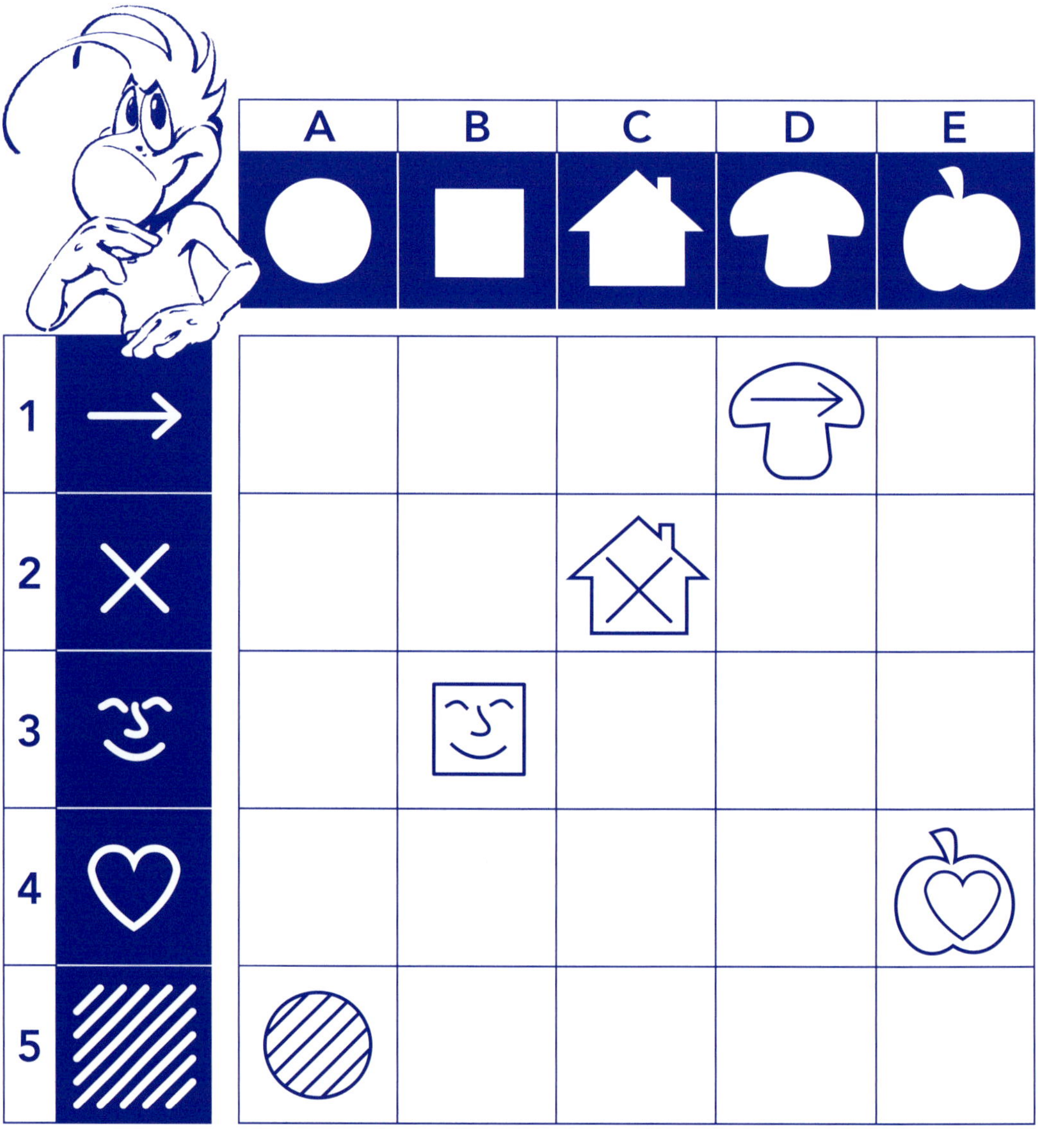

Die Kakadusprache ist ziemlich verflixt ...

Wenn du verstehen willst, über was sich die beiden gerade unterhalten, brauchst du nur statt der Zeichen die Wörter einzusetzen, die ganz unten aufgelistet sind. Jetzt kannst du auch schon ein bisschen „Kakadunesisch"!

Wenn du etwas über unseren lustigen Vogel erfahren willst,
dann hilft es dir, wenn du die Aufgaben ausrechnest und das Ergebnis durch den dazugehörigen Buchstaben ersetzt.

73 284 + 16 500 = ________
24 650 – 23 665 = ________
13 697 – 6 923 = ________

13 654 + 42 778 = ________
69 589 – 65 233 = ________
2 221 + 54 211 = ________
1 698 + 2 658 = ________
57 702 + 32 181 = ________
38 364 – 30 051 = ________

60 215 – 56 992 = ________
33 325 – 32 340 = ________
7 694 + 1 015 = ________
43 120 + 27 446 = ________
13 496 – 6 722 = ________
50 008 – 49 981 = ________

34 655 – 34 495 = ________
15 033 – 6 720 = ________
10 652 – 3 878 = ________

45 934 – 45 030 = ________
75 477 – 71 121 = ________
90 134 – 89 999 = ________
12 565 + 10 556 = ________
60 601 – 59 612 = ________
46 232 – 23 111 = ________
70 872 – 69 887 = ________

33 062 + 56 821 = ________
50 034 – 49 049 = ________
3 112 + 3 662 = ________

80 119 – 79 555 = ________
1 009 + 3 347 = ________
2 675 – 2 111 = ________
95 504 – 91 148 = ________
8 107 – 4 884 = ________
10 870 – 9 885 = ________
13 078 + 10 043 = ________
52 181 – 51 196 = ________
31 367 + 12 298 = ________

A = 4 356	L = 989	W = 39 674
B = 854	M = 135	X = 7 300
C = 6 773	N = 43 665	Y = 662
D = 89 784	O = 89 876	Z = 160
E = 985	P = 564	
F = 904	Q = 90 007	
G = 3 223	R = 6 774	
H = 8 709	S = 969	
I = 23 121	T = 27	
J = 309	U = 8 313	Ö = 70 566
K = 56 432	V = 284	Ü = 317

Wer darf über die Brücke?

Kreuze bei ja oder nein an, nachdem du genau überlegt hast.

Diese Brücke trägt ein Gewicht bis zu 5 Tonnen

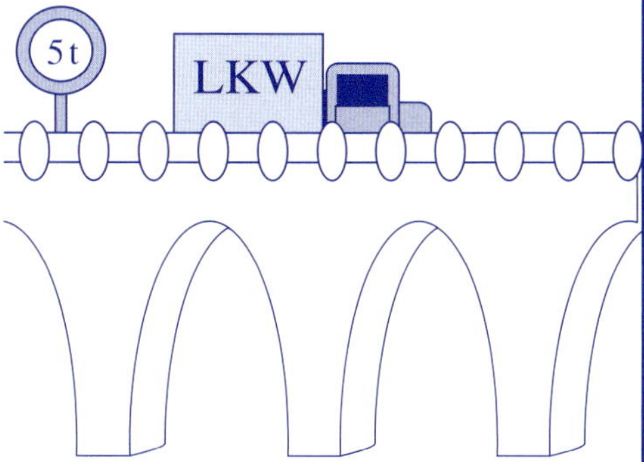

Benutzer	Gewicht	Brückenbenutzung	
		ja	nein
Fußgänger	74 kg		
PKW	1 200 kg		
LKW	10 300 kg		
Traktor	5 600 kg		
Elefant	7 500 kg		
Maus	30 g		
Dackel	6 000 g		

Diese Brücke trägt ein Gewicht bis zu 1 Tonne

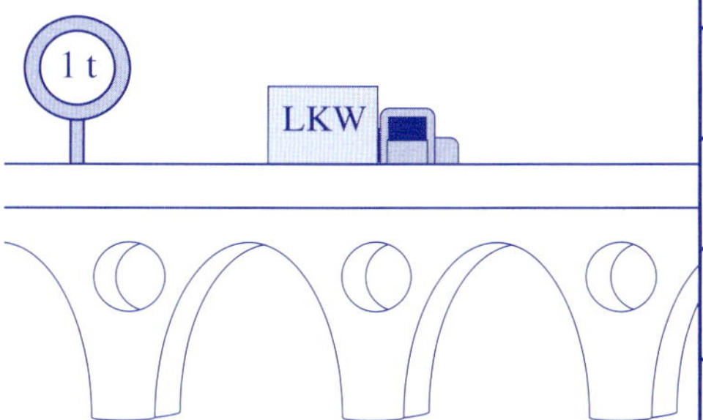

Benutzer	Gewicht	Brückenbenutzung	
		ja	nein
Radfahrer	82 kg		
PKW	990 kg		
Bus	5 800 kg		
Traktor	5 600 kg		
Zebra	350 kg		
Waschbär	2 100 g		
und du?	____ kg		

Anhang

Inhalt

Lösungen

Seite 46: Der vierte Drache (zeigt die Zunge)

Seite 53: Ja. Die Häuserzeile lässt sich unendlich weiterbauen.

Seite 74: 29 mal

Seite 75: Ein Kakadu sieht mit dem Auge nach unten.

Seite 77: waagrecht: sieben, eins, acht, zwei, neun, sechs
senkrecht: zehn, zwölf, drei, fünf, zwanzig, hundert, vier, elf
Summe: 198

Seite 78:

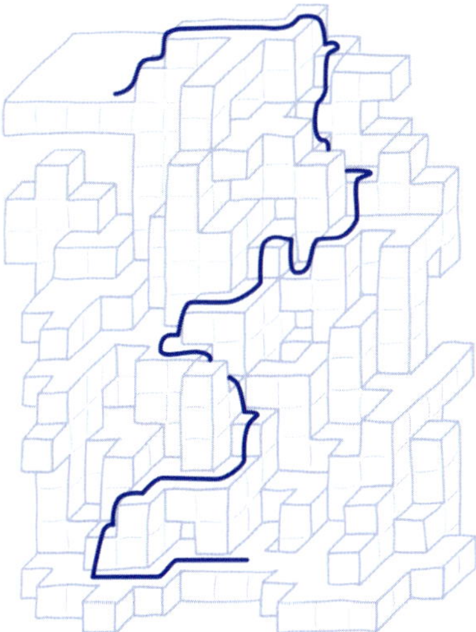

Seite 79:

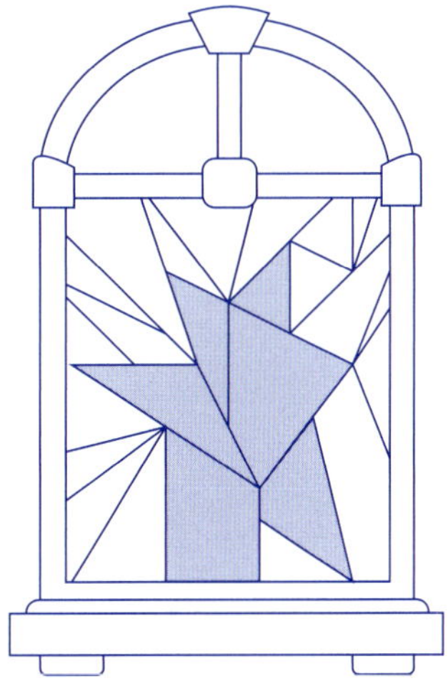

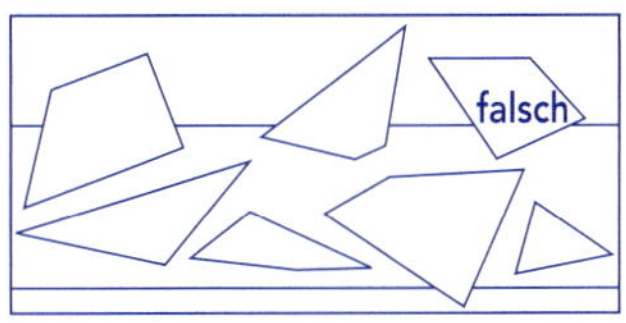

Seite 81:

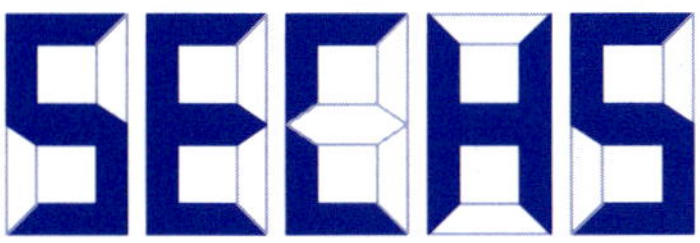

Seite 97:

226,631 – 133,602 = 93,029
32,6202 – 29,0036 = 3,6166
11,5856 – 6,03257 = 5,55303
502,555 – 367,455 = 135,1
70,9916 – 61,9916 = 9
8623,39 – 956,331 = 7667,059
577,603 – 573,393 = 4,21
1009,25 – 1001,25 = 8
10000,9 – 9999,99 = 0,91
4588,71 – 3925,21 = 663,5
56965,3 – 49963,2 = 7002,1

8,00628 – 5,03692 = 2,96936
0,93632 – 0,82232 = 0,114
107,421 – 104,421 = 3
62,6623 – 39,2523 = 23,41
6,88326 – 2,88326 = 4
6,00005 – 5,00005 = 1
174,174 – 74,7474 = 99,4266
77,0092 – 69,2432 = 7,766
564,224 – 563,394 = 0,83
0,04004 – 0,02004 = 0,02
2,32261 – 2,10025 = 0,22236

Seite 98:

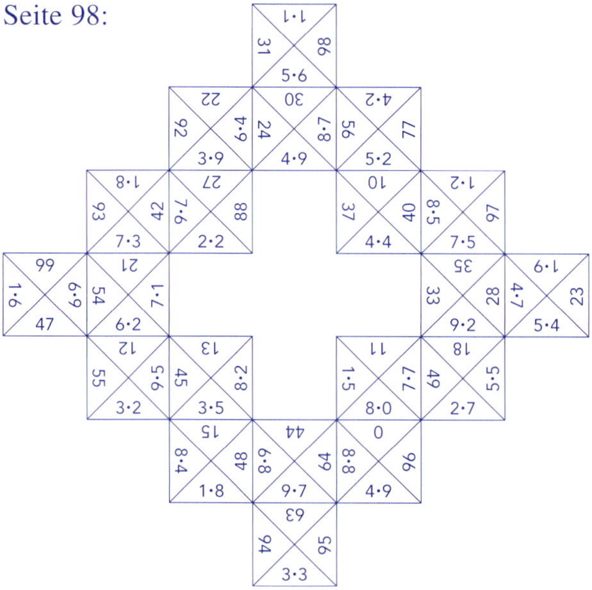

Seite 117:

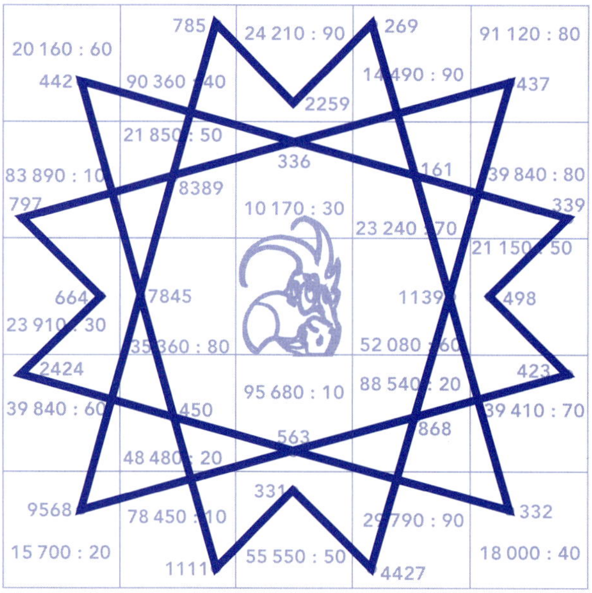

Seite 120: SUPERSPASS

Seite 130: 146 Fußspuren

Seite 131: Beide Wege führen zum Kakadu.

Seite 132: Kakadus sind gesellige Vögel

Seite 116:

36 326 – 4 599 = 31 727
58 989 – 12 155 = 46 834
633 298 – 12 155 = 687 433
985 530 – 744 536 = 240 994
13 545 – 4 884 = 8 661
258 585 – 48 773 = 209 812
753 588 – 100 122 = 653 466
1 000 000 – 75 853 = 924 147
630 301 – 55 585 = 574 716
78 622 – 2 330 = 76 292
88 522 – 3 000 = 85 522
65 633 – 9 363 = 56 270
1 006 636 – 896 326 = 110 310
498 520 – 259 691 = 238 829
897 773 – 563 300 = 334 473
4 542 – 300 = 4 242
411 112 – 99 959 = 311 153
123 456 – 23 484 = 99 972
500 900 – 75 854 = 425 046
125 588 – 25 554 = 100 034
845 433 – 842 177 = 3 256
562 329 – 62 200 = 500 129
500 129 – 75 312 = 424 817
676 332 – 323 788 = 352 544
678 332 – 20 085 = 658 247
580 311 – 64 122 = 516 189
7 892 305 – 2 302 119 = 5 590 186
5 621 – 4 999 = 622

Seite 136:

Seite 145:

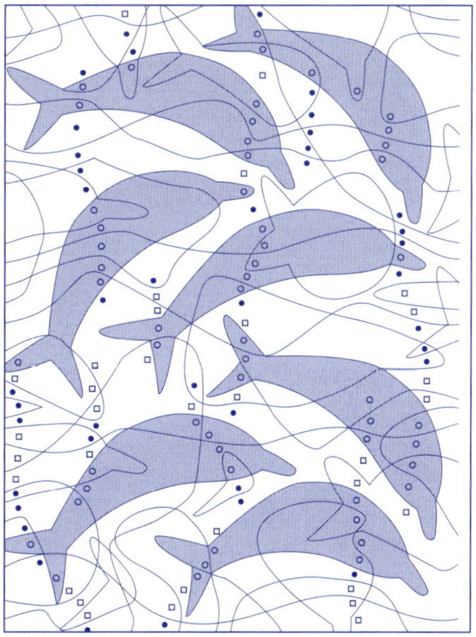

Seite 147:

5 6 7 9

Seite 149:

Seite 148: 14 Dreier

Seite 159: „Wieviel ist drei mal drei?“
„Ich schätze zehn.“
„Falsch! Wieviel ist zwei mal zwei?“
„Ich schätze drei.“
„Falsch! Wieviel ist 157 mal 157?“
„24 649 natürlich!“

Seite 158:

Seite 160: Der Kakadu gehört zur Familie der Papageien.

Seite 161: 5 t: ja: Fußgänger, PKW, Maus, Dackel
nein: LKW, Traktor, Elefant

1 t: ja: Radfahrer, PKW, Zebra, Waschbär, du
nein: Bus, Traktor

Quellenverzeichnis

Dennison, Paul und Gail: **Brain-Gym®-Lehrerhandbuch**
Kirchzarten bei Freiburg: VAK, 13. Aufl. 2004 (ISBN 3-924077-70-3)
Haberda, Brigitte: **Knack die Nuss**
Kirchzarten bei Freiburg: VAK, 2. Aufl. 2003 (ISBN 3-935767-19-6)
Lauster, Ursula: **Konzentrationsspiele**
München: Lentz-Verlag, 1996 (ISBN 3-88010-336-0)
Lauster, Ursula: **Ausdauerspiele**; München: Lentz-Verl., 1996 (ISBN 3-88010-359-3)
Riesen-Ensslin-Lern-Spiel-Spaß; Eningen: Ensslin & Laiblin Verlag
(6 bis 9 Jahre: ISBN 3-7709-1111-3; 8 bis 11 Jahre: ISBN 3-7709-1133-4;
Labyrinthspiele: ISBN 3-7709-0907-0)
Viele fröhliche Rechenspiele; Nürnberg: Tessloff-Verl., 1993 (ISBN 3-7886-0641-X)

Bezugsquellen für Übungsblätter oder Ähnliches:

- Kopiervorlagen, Förderprogramme: VERITAS, Hafenstraße 1-3, A-4020 Linz.
- Rechenspiele von Krampe/Mittelmann: Auer Verlag, D-86609 Donauwörth.
- Übungssammlung: Lipura Verlagsgesellschaft, D-72414 Rangendingen.
- Übungsprogramme für LÜK (Lerne – übe – kontrolliere):
  Heinz Vogel Verlag, Braunschweig.
- Bergedorfer Kopiervorlagen

Kontaktadresse

Für Anfragen zu den KLIPP & KLAR-LERNSTUDIOs sowie zu Förderprogrammen:

Agentur K, Ing. Wolfgang Haberda, A-3400 Klosterneuburg, Steinriegelstraße 194

Über die Autorin

Brigitte Haberda war mehr als zwanzig Jahre lang im österreichischen Schuldienst und unterrichtete in verschiedenen Schultypen. Sie war in der Lehrerfortbildung tätig und arbeitet als Seminarleiterin im In- und Ausland, unter anderem im Rahmen des IAK Institut für Angewandte Kinesiologie, Kirchzarten bei Freiburg.

Auf der Grundlage der Kinesiologie schuf sie TEMKIN, ein Trainings- und Förderprogramm für Tennisspieler. 1997 entwickelte sie das Lernberatungskonzept für die KLIPP & KLAR-LERNSTUDIOs. Im vorliegenden Buch über das Rechnenlernen stellt sie einige der Förderprogramme vor, die sie in diesen von ihr gegründeten Lernstudios zum Beheben von Lernstörungen praktisch erprobt hat.

Das KLIPP & KLAR Lernkonzept

Nun, alles klipp und klar beim Lernen? Oder sind Sie erst richtig neugierig geworden und möchten mehr davon?

Dann können Sie ein Seminar der Autorin Brigitte Haberda besuchen und den Themenbereich vertiefen, der Sie besonders interessiert.

Wenn Sie Lust darauf bekommen haben, das KLIPP & KLAR Lernkonzept selbst beruflich anzuwenden, dann können Sie die Ausbildung zum KLIPP & KLAR Lerntrainer absolvieren.

Die Grafik gibt Ihnen einen ersten Überblick über die Seminare mit Brigitte Haberda. Sie können diese Seminare einzeln belegen – je nach Interessengebiet. Wenn Sie alle Ausbildungsmodule durchlaufen, können Sie an der Prüfung zum KLIPP & KLAR Lerntrainer teilnehmen.

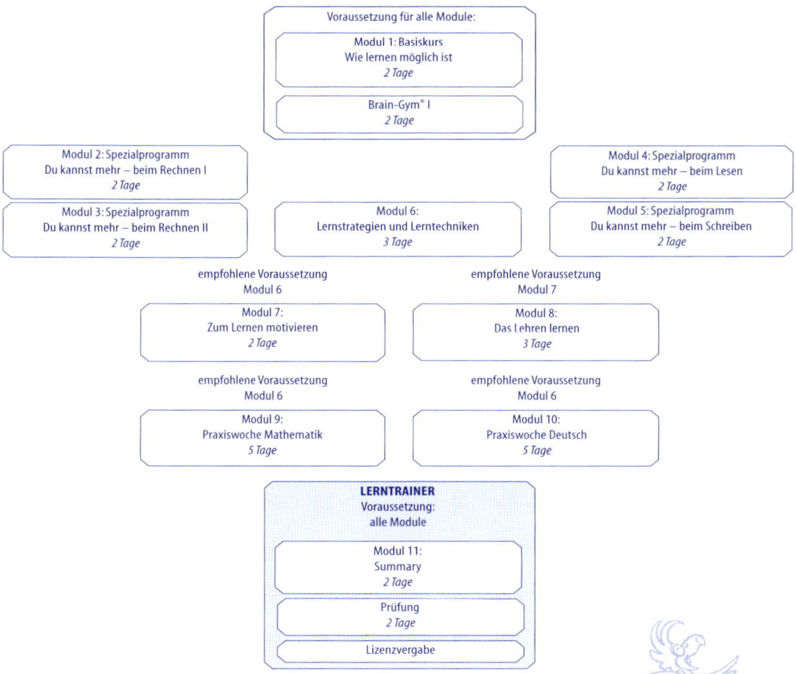

Empf. Literatur: Haberda: »Rechnen – keine Hexerei«, VAK
Meyenburg: »Die Sache mit dem X«, VAK

Eine detaillierte Ausbildungsbroschüre erhalten Sie bei
IAK Institut für Angewandte Kinesiologie GmbH, Eschbachstraße 5, D-79199 Kirchzarten bei Freiburg
Telefon 0 76 61-98 71-0, Fax 0 76 61-98 71-49
E-Mail: info@iak-freiburg.de
Website: www.iak-freiburg.de/edu-k/klipp-und-klar.html

Brigitte Haberda:

Fit in der Schule!

Das KLIPP und KLAR-Förderprogramm für Kinder im Grundschulalter

Wenn Kinder in der Schule Misserfolg haben, liegt das häufig daran, dass ihnen die richtigen »Lernwerkzeuge« fehlen. Egal wie viel und wie intensiv sie üben – ohne das richtige Werkzeug bleibt der Erfolg aus. Das *KLIPP und KLAR*-Förderprogramm hilft Eltern, Lehrern und Erziehern, solche Schwierigkeiten beim Lesen, Schreiben und Rechnen zu erkennen und Abhilfe zu schaffen: mit vielen Trainings- und Spieleblättern für den Einsatz zu Hause. Erprobte Methoden für die Soforthilfe und langfristige Fördermaßnahmen sorgen für schnellen und dauerhaften Erfolg – vom ersten Tag an!

160 Seiten, 25 Illustr., 55 Grafiken, 10 Fotos, Paperback (17,5 x 24,5 cm)
ISBN 3-935767-64-1

Brigitte Haberda:

Knack die Nuss beim Lesen und Schreiben

Lernstörungen erkennen und beheben mit neuen Lernmethoden

Lesen- und Schreibenlernen fällt vielen Kindern schwer. Auch Pauken hilft ihnen nicht weiter, solange sie die Grundvoraussetzungen zum Lernen erfüllen. Genau hier setzt Brigitte Haberda an: Ihre abwechslungsreichen Lern- und Bewegungsprogramme sind abgestimmt auf die spezifischen Lernschwierigkeiten beim Lesen- und Schreibenlernen. Kindgerecht illustrierte Lerntipps und der Monatsplaner motivieren Kinder, so dass sie gerne am »Ball bleiben« und sich mit Dingen beschäftigen, die ihnen bisher schwer gefallen sind.

118 Seiten, 90 Abbildungen, Pappband, 17,5 x 24,5 cm, ISBN 3-935767-19-6

Lene Mayer-Skumanz, Irmgard Heringer, Anna Heringer:

Löwen gähnen niemals leise

Wie Lernen leicht gelingt. Geschichten, Tipps und Übungen für Kinder

Dieses farbig illustrierte Kinderbuch greift mit Geschichten aus dem Alltag in verständnisvoller Weise Schulprobleme von Kindern auf. Mit viel Humor und Einfühlungsvermögen werden Kinder und Eltern ermuntert, mit Hilfe von einfachen Bewegungsübungen diese Probleme zu meistern.

64 Seiten und Ausfalttafel mit vielen farbigen Illustrationen, Pappband, 17 x 24,5 cm, ISBN 3-932098-21-8

www.vakverlag.de · www.vakverlag.de · www.vakverlag.de